Internet, redes sociales y dispositivos digitales

ADGG040PO

Administración y Gestión

30 horas de formación

editorial cep

© Imágenes: thinkstockphotos.es, yayimages.com, freepik.com
© Gloria Barberán González
© Edita: EDITORIAL CEP S.L.
C/ Dalia nº 20. Polígono El Lomo
28970 Humanes de Madrid (Madrid)
Tlf. (+34) 674 615 826 / (+34) 674 615 824
Edición: junio 2018
ISBN: 978-84-681-4696-6

Impreso bajo demanda

Autora

Gloria Barberán González

Diplomada en Magisterio, Educación Infantil y Primaria.

Técnico Superior en Desarrollo de Aplicaciones Informáticas.

Ha desarrollado gran parte de su trayectoria profesional en la Formación, en el campo de las Nuevas Tecnologías, Internet y Redes Sociales. A lo largo de sus más de 15 años de experiencia docente, ha impartido cursos a todo tipo de público: parados, activos, amas de casa, mujeres maltratadas, gitanos, garantía social, pequeños y mayores, etc. En muchas ocasiones ha elaborado el manual de referencia para el alumnado así como ejercicios y actividades complementarias.

En la actualidad, trabaja para distintas empresas madrileñas impartiendo cursos presenciales y online.

Presentación del programa

El Real Decreto 694/2017, de 3 de julio, por el que se desarrolla la Ley 30/2015, de 9 de septiembre, menciona en el Artículo 3 que, en la oferta formativa dirigida a trabajadores ocupados y desempleados, las acciones formativas estarán referidas a especialidades formativas del Catálogo previsto en el artículo 20.3 de dicha ley.

Se entiende por Especialidad formativa la agrupación de contenidos, competencias profesionales y especificaciones técnicas que responde a un conjunto de actividades de trabajo enmarcadas en una fase del proceso de producción y con funciones afines. La especialidad formativa sirve como referente para la programación de acciones en el marco del subsistema de formación profesional para el empleo.

Las especialidades formativas se encuadran dentro de las familias profesionales establecidas en el Catálogo Nacional de Cualificaciones Profesionales, así como a aquéllas que se puedan incluir en el fichero para encuadrar la formación de carácter transversal o complementario.

La información mínima recogida en el Fichero sobre cada una de las especialidades formativas contendrá, al menos, la siguiente descripción: el código, la denominación, duración máxima en horas, modalidad de impartición, familia, área profesional y módulo económico. Por último, cada especialidad formativa llevará asociado un programa formativo con un formato normalizado.

El presente volumen incluye el desarrollo teórico del contenido basado en el programa de la especialidad ADGG040PO, "Internet, redes sociales y dispositivos digitales". También encontrará un conjunto de ejercicios de autoevaluación y actividades prácticas, mediante los cuales se contribuye a la comprensión y asimilación del temario según los objetivos didácticos formulados

Las soluciones a los ejercicios se podrán descargar en nuestra página Web (www.editorialcep.com), mediante el ISBN del libro.

INTERNET, REDES SOCIALES Y DISPOSITIVOS DIGITALES

Código: ADGG040PO

Familia Profesional: Administración y gestión

Área Profesional: Gestión de la información y comunicación

Modalidad: Presencial / teleformación

Duración: 30 horas

Índice

ADGG040PO: INTERNET, REDES SOCIALES Y DISPOSITIVOS DIGITALES

Temario

Ejercicios

TEMARIO
ADGG040PO
Internet, redes sociales y dispositivos digitales

TEMA 1. NOCIONES BÁSICAS: EL PERFIL DIGITAL

TEMA 2. INTERNET

TEMA 3. INTRODUCCIÓN A LA WEB 2.0: REDES SOCIALES

TEMA 4. DISPOSITIVOS

TEMA 1
Nociones básicas: el perfil digital

OBJETIVOS:

- Conocer el concepto de perfil digital y sus propiedades
- Aprender el concepto de reputación online y su gestión
- Descubrir los riesgos del perfil digital y la reputación online
- Conocer el marco legal y los principales derechos de los usuarios respecto al perfil digital
- Asimilar las recomendaciones preventivas y las reactivas para una mejor gestión del perfil digital

INTRODUCCIÓN

Para entender el concepto del perfil digital y sus principales componentes es importante conocer el desarrollo de Internet y de la Web 2.0 debido a que ha dado lugar a un nuevo papel del usuario a través de canales multidireccionales y abiertos permitiendo la interacción, la colaboración y la participación.

«El perfil digital es toda forma de interacción en el ciberespacio incluyendo tanto las actuaciones como la forma en que nos perciben los demás en la red», según Aparici, R. y Osuna Acedo, S. (2013).

El perfil digital está compuesto por la identidad digital y la reputación online.

1. LA IDENTIDAD DIGITAL

La **identidad digital** es el conjunto de la información sobre un individuo u organización expuesta en Internet y que conforma una descripción en el plano digital.

La identidad digital es el rastro que queda en la web, en redes sociales, en blogs... de nosotros como usuarios en Internet. Se construye en base a toda la actividad que hacemos en Internet, por lo que es importante intentar construir una identidad digital adecuada a lo que queremos transmitir.

La OCDE, Organización para la Cooperación y el Desarrollo Económicos, identifica las siguientes propiedades de la identidad digital:

Social	La proyección de la personalidad en la Red, sobre todo en las redes sociales, permite que otros nos caractericen y nos reconozcan de forma efectiva.
Subjetiva	La percepción del «yo» y del «nosotros» está basada en la experiencia que otros construyen y permiten reconocerse.
Valiosa	La información generada por la actividad permite establecer relaciones personalizadas y tomar decisiones respecto a otros con mayor grado de confianza.
Referencial	Una identidad no es una persona u objeto, sino una referencia a dicha persona u objeto.
Compuesta	Hay información facilitada de forma voluntaria y otra construida por terceros sin la participación del sujeto en cuestión.
Secuencial	La divulgación de la información puede generar efectos e, incluso, su no divulgación puede constituir una amenaza.
Dinámica	Como la Red, se encuentra en un proceso de cambio permanente.
Contextual	Dependiendo del contexto de la divulgación de la información, puede generar un impacto negativo o irrelevante.

Se utilizan diferentes **identidades parciales** dependiendo de los roles y las actividades que se desarrollan online, y todas ellas conforman la identidad digital del usuario: la imagen de la persona en Internet.

2. LA REPUTACIÓN ONLINE

La **reputación online** es la opinión o consideración social que otros usuarios tienen de la interacción online de una persona u organización.

La clave de la reputación online está en cómo construirla, mantenerla y defenderla. Es colaborativa y acumulativa porque se forma a partir de una enorme cantidad de información personal independientemente de cuándo fue generada, y la repercusión y el alcance están bien definidos por la máxima «si no estás en Google, no existes».

La correcta gestión de la reputación online implica actuar sobre el contenido que generamos nosotros mismos, el contenido que sobre nosotros generan terceros y el contenido generado en el ámbito relacional de las redes.

La **huella digital activa** es aquella que dejamos cuando somos nosotros mismos los que realizamos las acciones online, mientras que la **huella digital pasiva** es aquella que dejan otros cuando publican algo acerca de nosotros o nuestra empresa.

Es muy importante cuidar nuestra huella digital porque es una información cada vez más usada por los departamentos de Recursos Humanos en los procesos de selección de personal y por los clientes para conocer una empresa y los servicios que ofrece.

Una forma sencilla de comprobar qué se dice de nosotros en la red es poner nuestro nombre y apellidos en Google. También existen servicios especializados que ofrecen información de la reputación de una persona o empresa.

3. RIESGOS PARA LA IDENTIDAD DIGITAL Y LA REPUTACIÓN ONLINE

Los **principales riesgos en la gestión de la identidad digital y la reputación online** son:

Suplantación de la identidad digital	Una persona se apropia de la identidad digital de otra y actúa en su nombre con mala intención, principalmente para perjudicar su imagen y su reputación online, y robar información personal.
Amenazas para la privacidad	Configuración insuficiente, alteración de la privacidad por la sincronización entre plataformas, etiquetado de imágenes, *sexting*, uso de *cookies* sin conocimiento del usuario, privacidad de terceros.
Amenazas para la reputación online	Publicaciones que exceden la libertad de información, daño por publicaciones falsas, injurias y calumnias, información descontextualizada, uso inapropiado de los derechos de propiedad intelectual.

Riesgos de la identidad digital y la reputación online

4. MARCO LEGAL

El perfil digital se vincula de modo ineludible a los derechos de la personalidad dentro del marco de la Constitución Española. El Tribunal Constitucional articula la protección de estos elementos a través de los derechos del **artículo 18** y, singularmente, a través de la tutela de la imagen y el honor, y del derecho fundamental a la protección de datos. Son:

Derecho al honor, a la intimidad personal y familiar y a la propia imagen	Ley Orgánica 1/1982, de 5 de mayo, de Protección Civil del Derecho al Honor, a la Intimidad Personal y Familiar y a la Propia Imagen. Protegen la dimensión subjetiva de la personalidad que depende de la propia actuación y la dimensión social.
Derecho fundamental a la protección de datos	Ley Orgánica 15/1999, de 13 de diciembre, de protección de datos de carácter personal (LOPD) y su reglamento de desarrollo (Real Decreto 1720/2007, de 21 de diciembre, Ley Orgánica de Protección de Datos de Carácter Personal, RDLOPD).
Derecho al olvido	Facultad que se atribuye al individuo de obtener la eliminación de una determinada información, particularmente en el contexto de Internet. No hay regulación específica.
La herencia digital	Artículo 4 de la Ley de Protección Civil del Derecho al Honor, a la Intimidad Personal y Familiar y a la Propia Imagen, y artículo 2.4 del RDLOPD
Suplantación de identidad	Artículo 401 del Código Penal
Responsabilidad de los prestadores de servicios	Ley 34/2002, de 11 de julio, de Servicios de la Sociedad de la Información y Comercio Electrónico (LSSI), según traspone la Directiva 2000/31/CE de Comercio Electrónico

Marco legal del perfil digital

La página web de la **Agencia Española de Protección de Datos** (http://www.agpd.es), en el apartado **Canal de documentación > Informes jurídicos,** contiene el reglamento relativo a la Ley Orgánica 15/1999 de 13 de diciembre de Protección de Datos de Carácter Personal (LOPD) que tiene por objeto garantizar y proteger en lo que concierne al tratamiento de los datos personales, las libertades públicas y los derechos fundamentales de las personas físicas, especialmente de su honor, intimidad y privacidad personal y familiar.

Su **objetivo principal** es regular el tratamiento de los datos y ficheros de carácter personal, independientemente del soporte en el cual sean tratados, los derechos de los ciudadanos sobre ellos y las obligaciones de aquellos que los crean o tratan.

A partir de esta ley se creó la Agencia Española de Protección de Datos, de ámbito estatal, que vela por el cumplimiento de esta ley.

TOMA NOTA

La legislación española establece que para ejercer el derecho al olvido es imprescindible que el ciudadano se dirija en primer lugar a la entidad que está tratando sus datos (en este caso el buscador). Si tras dirigirse al buscador, este no contesta o lo hace de forma que el ciudadano no considera adecuada, el ciudadano podrá recurrir a la Agencia Española de Protección de Datos (AEPD) para que tutele su derecho y a los Tribunales.

5. RECOMENDACIONES

El mejor gestor de nuestro perfil digital es uno mismo, para ello hay que realizar una gestión segura y responsable de los diferentes perfiles o identidades parciales que usamos en la Red, especialmente, en las redes sociales.

Para una gestión eficiente del perfil digital se recomienda seguir una serie de pautas preventivas:

Logo Agencia Española de Protección de datos

Recomendaciones preventivas:

Creación responsable de perfiles	Para crear un perfil de usuario o identidad parcial en un servicio online hay que: valorar su utilidad, comprobar su finalidad y establecer perfiles separados personal y profesional.
Configuración adecuada de la privacidad y la seguridad	Aprender el funcionamiento y configurar las opciones de privacidad y seguridad de forma óptima.
Participación respetuosa en la Red	Hay que ser respetuoso con el resto de los usuarios.
Aplicación de medidas y hábitos de seguridad en la navegación	Utilizar software de seguridad, comprender el empleo de las *cookies* y revisar la concesión de permisos a servicios de búsqueda de información y publicidad.
Revisión periódica de la identidad	Realizar búsquedas periódicas sobre la información personal en la Red.

Junto con unas **recomendaciones reactivas** para el caso en que fueran necesarias:

Recomendaciones reactivas:

Denuncia interna	Los proveedores de servicios de Internet suelen disponer de sistemas de denuncia para salvaguardar los derechos de los usuarios y de terceros ajenos al servicio. Cualquier persona puede solicitar el acceso, rectificación, cancelación u oposición al tratamiento de sus datos.
Denuncia judicial frente a atentados a la reputación	Acudir a los Tribunales para el ejercicio de los correspondientes derechos.
Denuncia de posibles delitos informáticos	Las Fuerzas y Cuerpos de Seguridad disponen de unidades especializadas y canales de denuncia a disposición de los usuarios.

La **Oficina de Seguridad del Internauta,** desde su página web (https://www.osi.es), ofrece la descarga gratuita de su «Guía de privacidad y privacidad en Internet», y videotutoriales para gestionar la privacidad en las principales redes sociales y aplicaciones de comunicación.

Logo de la Oficina de Seguridad del Internauta

LO QUE HEMOS APRENDIDO

- La imagen del usuario de internet viene definida por el **perfil digital,** compuesto por la identidad digital y la reputación online.
- El usuario debe conocer los **principales riesgos** en la gestión de la identidad digital y la reputación online para evitar problemas.
- El **marco legal** del perfil digital engloba las leyes relativas al perfil digital y los aspectos que de él se derivan.
- Se recomienda al usuario seguir las **recomendaciones de prevención y de reacción básicas** del perfil digital para cuidar y mantener de forma efectiva su imagen en Internet.

TEMA 2
Internet

- **Funcionamiento y principales virtualidades**
- **Correo electrónico**
- **Búsqueda de la información**
- **Almacenamiento**
- **Cloud**

OBJETIVOS:

- Conocer el funcionamiento básico de Internet y sus principales virtualidades
- Aprender el funcionamiento básico del correo electrónico
- Conocer el uso básico de un gestor de correo (Outlook)
- Crear una cuenta de webmail en Gmail y aprender su uso básico
- Aprender a buscar todo tipo de información a través del buscador Google
- Conocer el concepto de almacenamiento
- Conocer el concepto de cloud y los principales servidores de dicho servicio

INTRODUCCIÓN

Internet es la contracción de ***Inter****connected* ***Net****work*, interconexión de redes, entendiendo como red un grupo de ordenadores conectados entre sí.

Internet ofrece un sinfín de servicios a los usuarios, en este tema veremos los más importantes y su gestión básica.

Internet

1. FUNCIONAMIENTO Y PRINCIPALES VIRTUALIDADES

Internet, o net («red de redes»), es una red informática internacional compuesta por redes de mayor o menor tamaño. Es una herramienta muy poderosa que permite compartir información, enviar correos, conversar, intercambiar archivos, etc.

Internet ha sido el medio que se ha popularizado más rápido. La radio necesitó 30 años para alcanzar un público de 50 millones; la televisión, 10; e, Internet, solo 5.

Internet es una infraestructura de comunicación utilizada para distintos servicios, estos permiten:

- Visitar páginas web para tomar información, aprender, etc.
- Intercambiar mensajes con personas del mundo entero a través del correo electrónico.
- Establecer una conversación en directo (chat) o en diferido (foros) con otras personas.
- Transferir archivos de un ordenador a otro.
- Descargar música, vídeos, etc.
- Telefonear o realizar una videoconferencia.

Lo que distingue a Internet de las demás redes es el uso con conjunto estándar de **protocolos TCP/ IP** (*Transmission Control Protocol/Internet Protocol*). Estos protocolos están definidos por una serie de normas que controlan y hacen posible la interacción de los ordenadores en la red.

Los datos transmitidos a través de Internet utilizan las autopistas de información, las más habituales son las conexiones por satélite, los cables intercontinentales y las fibras ópticas.

HTTP	*Hipertexto Transfer Protocol,* desarrollado por el World Wide Web, permite ver las páginas de los sitios Web.
MAILTO	Protocolo de envío y recepción de mensajes.
IRC	*Internet Relay Chat,* protocolo de comunicación en directo utilizado en los intercambios a través de la mensajería instantánea (chat).
FTP	*File Transfer Protocol,* utilizado en la transferencia de archivos.
P2P	*Peer to Peer,* utilizado para la descarga de archivos.
VoIP o Voz sobre red IP	*Voice over IP,* tecnología que permite hacer llamadas telefónicas a través de Internet.

Cada uno de estos servicios utiliza un programa específico. Por ejemplo, para visitar páginas web, es preciso utilizar un navegador como Internet Explorer, Firefox, Google Chrome, etc.

2. CORREO ELECTRÓNICO

El **correo electrónico** es el servicio más utilizado en Internet, permite enviar y recibir correos electrónicos (e-mail) a los que se pueden adjuntar uno o varios archivos.

Email

Para usar este servicio hay que disponer de una dirección de correo electrónico; esta suele facilitarla el proveedor de acceso, también hay sitios que ofrecen este servicio, la mayoría de ellos, gratuito.

La dirección de correo electrónico tiene la siguiente estructura: **nombre@servidor.dominio.** Por ejemplo: cristina.gonzalez@movistar.es

Los elementos de la dirección de correo electrónico son:

Nombre	Corresponde al nombre de la cuenta, no debe contener ni espacios ni tildes.
@	Arroba, separa el nombre de usuario del nombre del servidor. Se escribe utilizando la combinación de teclas **alt gr+2.**
servidor	Corresponde al nombre del proveedor o del sitio donde se creó la dirección.
.dominio	.es, .com, .net, .org, etc. Asociado al nombre del servidor.

El envío y recepción de mensajes se realiza a través de un programa instalado en su ordenador (Windows Live Hotmail, Outlook, Thunderbird, IncreditMail, etc.) o a partir de un navegador conectando al sitio que ofrece el servicio (Webmail), puede ser la página del proveedor de acceso o la página utilizada para crear la dirección mail (Gmail, Hotmail, etc.).

Para canalizar los mensajes, Internet utiliza servidores MTA (*Mail Transfer Agent*), su protocolo de envío es SMTP y de recepción de mensajes, POP.

2.1 Programa de correo o Webmail

A. Programas de gestión de correo electrónico

Los **programas de gestión de correo electrónico** son programas que deben instalarse en el ordenador y sirven para gestionar una o más cuentas de correo de forma simultánea.

Los programas de gestión de correo electrónico más utilizados son Outlook y Thunderbird.

Programas de gestión de correo electrónico más utilizados

Antes de usar el programa, hay que configurar la cuenta para que el programa pueda enviar y recibir mensajes.

Las principales **ventajas** del uso del programa de gestión de correo electrónico son:

- Recepción automática de mensajes a intervalos regulares.
- Almacenamiento de mensajes en el disco duro del ordenador.
- Gestión de varias cuentas de correo.
- Uso del antivirus del ordenador.

El principal **inconveniente** del uso del programa de gestión de correo electrónico es que está ligado al ordenador, si se cambia de equipo se deberán guardar los mensajes para poder transferirlos al equipo nuevo.

Gmail

B. Webmail

Webmail es un servicio de correo electrónico online. A parte de los proveedores de acceso a la red que ofrecen este servicio, los más conocidos son Gmail, Yahoo y Hotmail.

Yahoo

Para acceder a los mensajes hay que conectarse a la web del proveedor de correo e identificarse.

Servicios Webmail más utilizados

Las principales **ventajas** del uso del programa Webmail son:

- Los mensajes pueden consultarse desde cualquier ordenador con conexión a Internet.
- El servidor de correo guarda los mensajes.

Los principales **inconvenientes** del uso del programa Webmail son:

Hotmail

- Capacidad limitada de almacenamiento.

- En la mayoría de los casos solo se puede gestionar una cuenta.
- Conexión permanente durante la redacción y administración de los mensajes.

2.2 Crear una cuenta de correo electrónico

A parte de la cuenta de correo personal, puede resultar útil tener otra para, por ejemplo, utilizarla con otras personas que usen el mismo ordenador o para gestionar de manera separada sus contactos profesionales.

Si se ha seleccionado Gmail como proveedor, crear una cuenta de correo es muy sencillo. Solo hay que ir a la página principal de Google: www.google.com y hacer clic en la opción **Crear una cuenta.**

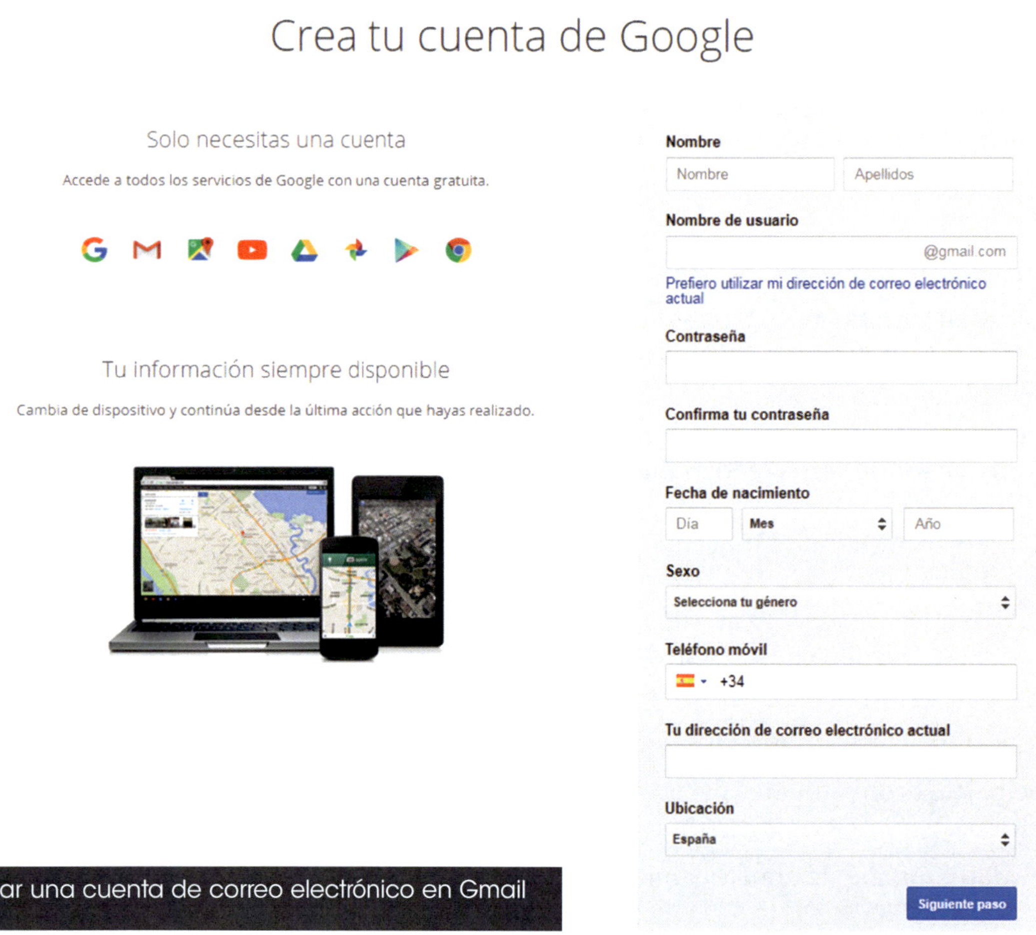

Crear una cuenta de correo electrónico en Gmail

1. **Completar los campos** para crear una cuenta de correo nueva en Gmail:

Nombre y apellidos	Estos datos se asociarán a la cuenta de correo electrónico.
Nombre de usuario	Introducir la dirección de la nueva cuenta. Si el nombre escogido ya existe, el servicio propondrá otros.
Contraseña	Crear una contraseña segura combinando mayúsculas, minúsculas y números. Por seguridad, se visualizará una serie de puntos o asteriscos.
Confirmar contraseña	Escribir de nuevo la contraseña.
Fecha de nacimiento	En caso de menores de edad, Gmail solicitará autorización de padre, madre o tutor.
Sexo	Seleccionar el género.
Teléfono móvil	No es necesario.
Tu dirección de correo electrónico actual	Es posible escribir otra cuenta de correo si se tiene.
Ubicación	Desplegar el menú y seleccionar el país que corresponda.

2. Hacer clic en **Siguiente paso.** Se deben aceptar las Condiciones de Servicio y la Política de Privacidad de Google. Las Condiciones de Servicio muestran el uso adecuado de la cuenta de correo electrónico y la Política de Privacidad explica cómo Gmail usa los datos personales y cómo protege la privacidad.
3. A continuación se abrirá la ventana de bienvenida de Gmail. Hacer clic en el botón **Ir a Gmail** para empezar a usar el servicio.

2.3 Outlook

Outlook es el programa gestor de correo electrónico de Microsoft. Permite administrar información personal y profesional mediante: mensajes, citas, reuniones, contactos, tareas, etc., así como facilitar el seguimiento de las distintas actividades.

Logo de Outlook

Para iniciar Outlook, acceder a la aplicación (se abre en la interfaz Escritorio). Si el ordenador está conectado a una red es posible que solicite nombre de usuario y contraseña.

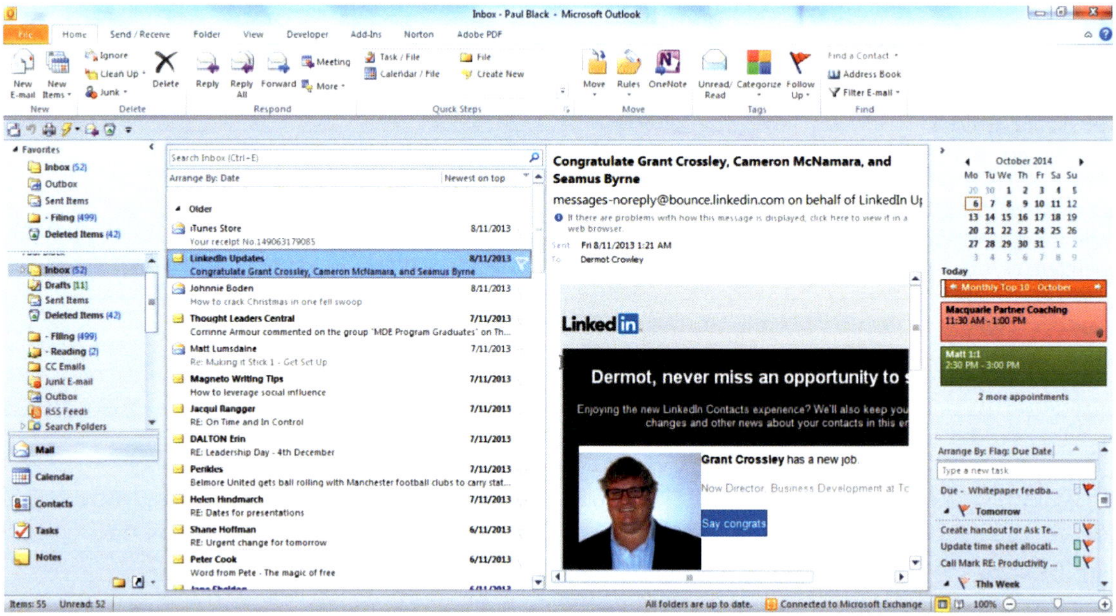

Escritorio de Outlook

Los **elementos de la pantalla de inicio de Outlook** son:

Barra de título	Contiene el icono del menú Sistema de la aplicación seguido del nombre de la carpeta seleccionada: Buzón de entrada, Calendario, etc., y la cuenta de correo y el nombre de la aplicación.
Ayuda de Microsoft Outlook	Ventana de ayuda online y opciones.
Minimizar, Maximizar y Cerrar ventana	Botones en la esquina superior derecha de la ventana.
Opciones	Los comandos se agrupan por tareas representadas por pestañas; cada una de estas agrupan varios comandos formados por varios botones de comandos con los que llevar la mayoría de las operaciones.
Barra de navegación	Permite moverse entre las distintas vistas: Correo, Calendario, Personas, Tareas
Panel de carpetas	Contiene las carpetas de los elementos que decida dejar a mano, su contenido varía dependiendo de la vista activa.
Ventana de la carpeta activa	Muestra los elementos contenidos en ella.
Panel de lectura	Permite leer mensajes sin tener que abrirlos.
Panel personas	Muestra información de la persona asociada al elemento seleccionado.
Barra de estado	Contiene información de la vista actual y del entorno de Outlook.

Para **Salir** de Outlook, en la pestaña Archivo de la aplicación, seleccionar la opción Salir, o hacer clic en el botón de cierre de la ventana.

A. Configurar la cuenta de correo

Si se usan varias cuentas o se quiere usar un programa de correo electrónico, se debe configurar proporcionando la información relativa a los servidores entrantes (IMAP o POP) y salientes (SMTP) y las contraseñas correspondientes. Es importante que el servicio de correo electrónico que se utilice proporcione un servidor de tipo POP o IMAP.

Las **diferencias entre el correo POP e IMAP** son:

POP	*Post Office Protocol.* Permite recuperar mensajes del servidor, estos se descargan en el ordenador y se eliminan del servidor, lo que permite consultarlos sin conexión
IMAP	*Internet Mail Access Protocol.* Permite recuperar mensajes del servidor, solo se descargan los leídos y permanecen en el servidor hasta que se eliminan. Sin conexión pueden verse los mensajes leídos completos y los no leídos, solo los encabezamientos. Se pueden sincronizar las carpetas de correo

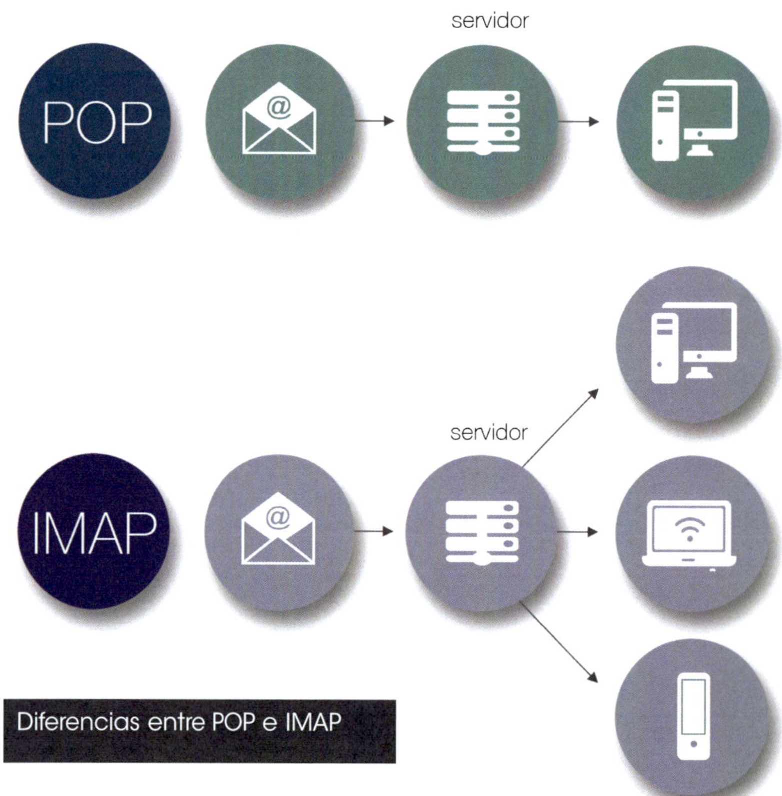

Diferencias entre POP e IMAP

Los **pasos para configurar una cuenta de correo en Outlook son:**

1. En la pestaña **Archivo**, hacer clic en **Información > Agregar cuenta** (panel de la derecha).
2. Para configurar una cuenta automáticamente, introducir la información requerida y hacer clic en **Siguiente**. Para configurar una cuenta manualmente, seleccionar la opción **Configuración manual o tipos de servidores adicionales.**
3. Activar la opción **POP** o **IMAP** y hacer clic en **Siguiente.**
4. Introducir la información solicitada para la configuración de la cuenta en los cuadros indicados. Se puede seleccionar **Probar configuración de la cuenta** para asegurarse de que funciona. Hacer clic en **Siguiente.**
5. Hacer clic en **Finalizar.**

B. Escribir y enviar un mensaje

Los pasos para **escribir y enviar un mensaje con Outlook son:**

1. Seleccionar una carpeta de mensajes en la pestaña Inicio y hacer clic en **Nuevo mensaje de correo** electrónico del grupo **Nuevo** (si se utilizan varias cuentas de correo, desplegar la lista y seleccionar la cuenta que se desea utilizar).
2. Escribir la dirección del destinatario o destinatarios (se dispone de varios métodos para seleccionarlos).
3. Hacer clic en los campos **Cc** (Con copia) y **Cco** (Con copia oculta) si se necesita, introduciendo la dirección o direcciones correspondientes.
4. Introducir el tema del mensaje en el campo **Asunto.**
5. Introducir el cuerpo del mensaje en el cuadro grande; si se necesita, se puede cambiar el formato del texto en la opción **Formato de texto.**
6. Hacer clic en el botón **Enviar** para enviar su mensaje.

Nuevo mensaje en Outlook

Si no se desea enviar el mensaje al acabar de redactarlo, se puede guardar haciendo clic en **Archivo > Guardar.** El mensaje quedará almacenado como borrador.

También se puede definir la importancia de un mensaje añadiendo etiquetas y su naturaleza indicando la importancia: **Baja, Normal o Alta.**

C. Consultar un mensaje recibido, responder y reenviar

Para **consultar un mensaje recibido, responder y reenviar en Outlook:**

1. Seleccionar el **Buzón de entrada.**
2. Hacer clic en el mensaje que se desea consultar o abrirlo haciendo doble clic en él.
3. Para consultar el mensaje siguiente o anterior, usar las flechas en la barra de herramientas de **Acceso rápido.**
4. Cuando se termina de leer el mensaje, se puede cerrar en el aspa de cierre. Si se desea responder, continuar las instrucciones. Si se desea reenviar, continuar las instrucciones en el ítem nº 7.
5. Hacer clic en el botón **Responder** sito en la parte superior del panel de lectura.
6. Hacer clic en el botón **Enviar** para enviar el mensaje.
7. Para enviar a otra persona un mensaje recibido, abrir el mensaje y hacer clic en la opción **Reenviar.**
8. Introducir las direcciones del destinatario o destinatarios en los campos **Para** y **Cc.**
9. Hacer clic en **Enviar.**

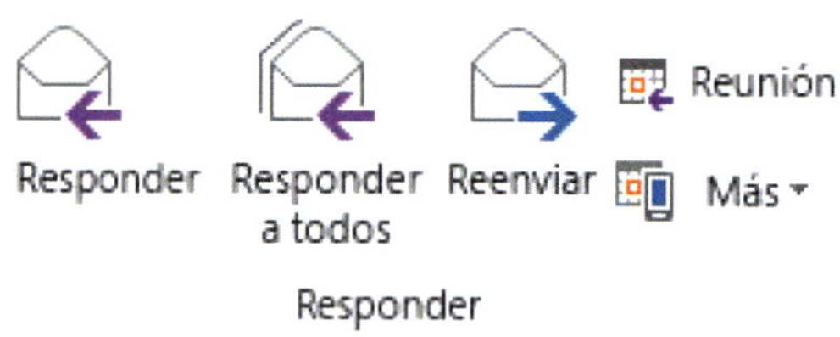

Responder o reenviar en Outlook

D. Enviar y recibir adjuntos

a. Enviar

Se puede añadir a los correos uno o varios archivos (imágenes, fotos, documentos, vídeos, etc.).

El destinatario del mensaje con archivo adjunto debe disponer del programa con que este ha sido creado para poder abrirlo.

Los **pasos para adjuntar archivos a un mensaje de Outlook** son:

1. Crear un nuevo mensaje.
2. Hacer clic en el botón **Adjuntar archivo** del grupo **Incluir** (o **Insertar**). Aparecerá en la pantalla en cuadro de diálogo **Insertar archivo**
3. Hacer clic en los campos **Cc** (Con copia) y **Cco** (Con copia oculta) si se necesita, introduciendo la dirección o direcciones correspondientes.
4. Localizar en el navegador de archivos aquel o aquellos que se desee adjuntar y seleccionarlos.
5. Seleccionar el nombre del archivo.
6. Continuar redactando el mensaje y al terminar, **Enviar**

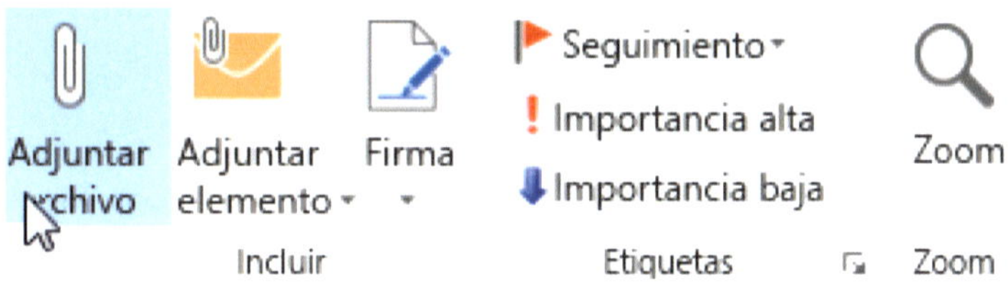

Adjuntar archivos a un mensaje

b. Recibir

Los **pasos para recibir archivos adjuntos en Outlook** son:

1. Hacer una vista previa del adjunto seleccionándolo en **Vista > Organización > Panel de lectura > Derecha o Inferior.**
2. Para abrir el adjunto, abrir el mensaje haciendo doble clic en él o seleccionar sin abrirlo.
3. Hacer clic en el icono del archivo adjunto correspondiente al archivo que se desea abrir.
4. Hacer clic en **Abrir.**
5. Para guardar varios adjuntos, hacer clic en uno de ellos y en el botón **Guardar todos los datos adjuntos (Datos adjuntos > Acciones).**
6. Hacer clic en **Aceptar** y seleccionar la carpeta donde se desea guardarlos

Por motivos de seguridad, Outlook analiza los adjuntos y rechaza de forma automática aquellos formatos susceptibles de tratarse de virus: .bat, .exe, .js, etc.

E. Eliminar mensajes

Es posible eliminar un mensaje de la bandeja de entrada (se almacena en la carpeta Elementos borrados) o eliminarlo definitivamente vaciando esa carpeta.

Si se elimina de forma definitiva un mensaje, no podrá recuperarse más adelante.

Los **pasos para eliminar los mensajes de Outlook** son:

1. Seleccionar el mensaje o mensajes que se desea eliminar.
2. Hacer clic en **Eliminar** de la pestaña de Inicio (los mensajes pasan a la carpeta **Elementos eliminados**).
3. Para recuperar un mensaje, hacer clic en la carpeta **Elementos eliminados**, seleccionar el mensaje o mensajes a recuperar y moverlos a otra carpeta haciendo clic y arrastrando.
4. Para eliminar definitivamente un mensaje o mensajes, seleccionarlos de la carpeta **Elementos eliminados** y hacer clic en **Eliminar** de la pestaña Inicio. Outlook solicitará confirmación.
5. Para eliminar todos los elementos de la carpeta **Elementos eliminados**, hacer clic en el botón derecho sobre la carpeta y seleccionar **Vaciar carpeta.**

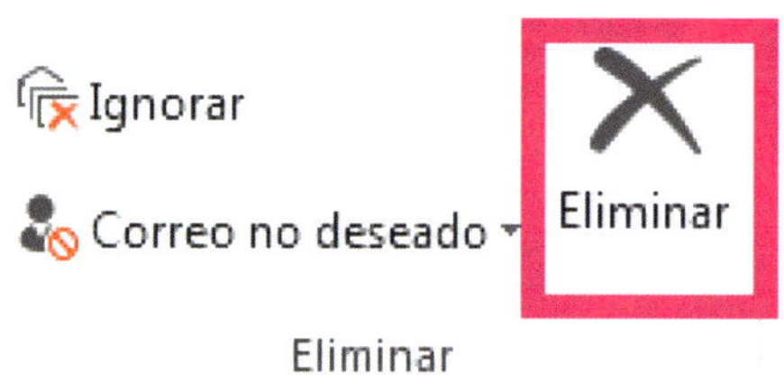

Eliminar un mensaje

F. Contactos

Conviene guardar la dirección de los contactos a los que se escribe regularmente en la libreta de direcciones para evitar escribirla manualmente.

Los pasos **para crear un contacto en Outlook** son:

1. Cuando se reciba un mensaje de un remitente cuya dirección se quiera guardar, abrir el mensaje y hacer clic con el botón derecho en el nombre del remitente.
2. Hacer clic en la opción **Agregar a contactos** de Outlook.
3. Completar los datos de la ventana de creación del nuevo contacto y hacer clic en el botón **Guardar.**

Los **pasos para crear un contacto desde la libreta de direcciones** de Outlook son:

1. Hacer clic en **Personas** de la barra de navegación.
2. En **Inicio**, hacer clic en **Nuevo contacto.**
3. Introducir los datos del contacto.
4. Hacer clic en **Detalles** para añadir información secundaria del contacto.
5. Confirmar la creación del contacto haciendo clic en el botón **Guardar y cerrar.**

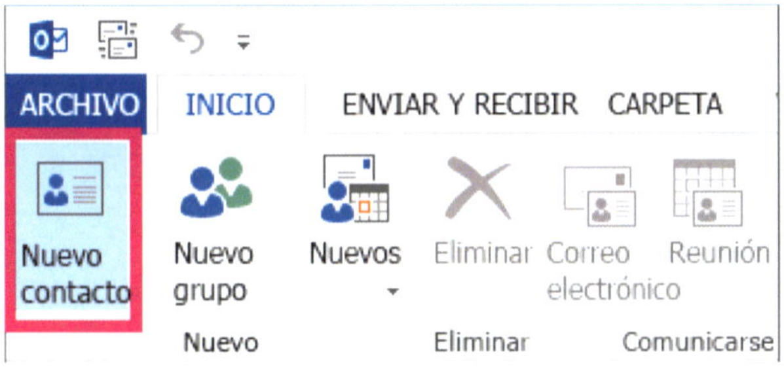

Crear un contacto

2.3 Webmail. Gmail

La ventana principal de Gmail se compone de los siguientes elementos:

Cuadro de búsqueda	Para buscar mensajes.
Botones de comando	Nombre de usuario, acceso a otras aplicaciones de Google y avisos de mensajes.
Barra de herramientas	Desplegable Gmail con acceso a los Contactos y a la lista de Tareas, desplegable de herramientas (Todo, Nada, Leído, No leído, Destacado, etc.), botón de actualización, herramienta de comandos asociados a la selección y el desplegable de configuración.

Panel de navegación	Para mostrar las etiquetas de la vista seleccionada.
Panel de mensajes	Muestra la lista de mensajes de la carpeta seleccionada (Principal, Social, Promociones).
Chat	

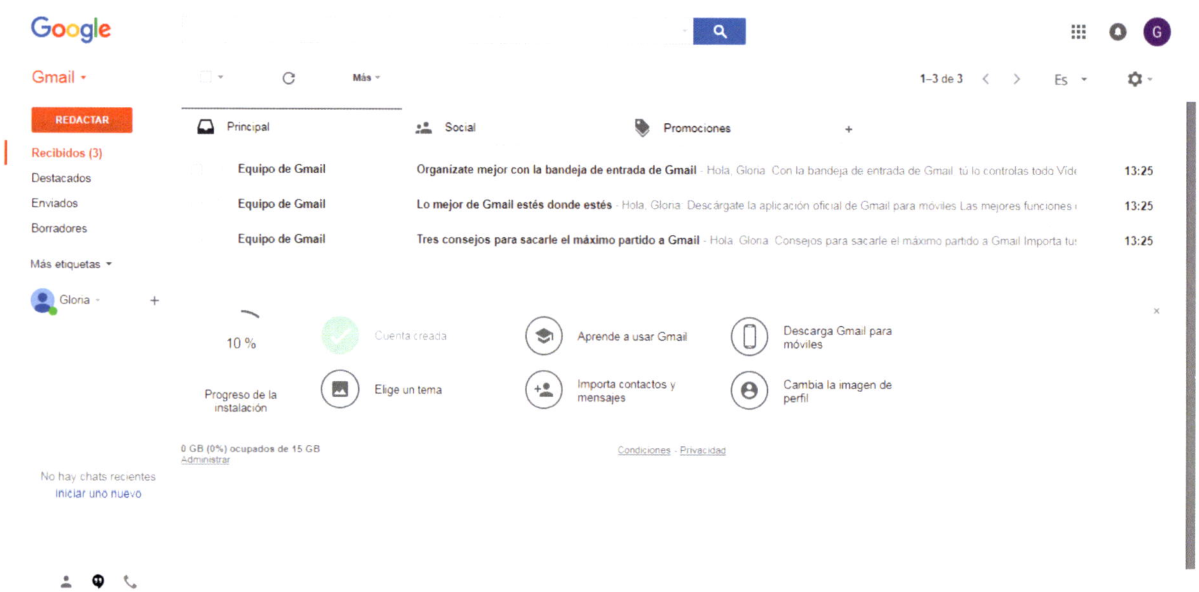

Interfaz de Gmail

TOMA NOTA

Gmail permite trabajar con varias cuentas de correo, incluidas las de diferentes proveedores de correo electrónico y de posting de empresas sin tener que instalar una aplicación a parte en nuestro ordenador.

A. Vista de conversación

La **vista de conversación de Gmail** permite agrupar bajo el mismo asunto el mensaje inicial y las respuestas dadas a ese mensaje. Esta vista facilita el seguimiento de la conversación y la administración de cada mensaje.

La vista de conversación está activada de forma predeterminada en todas las carpetas de correo.

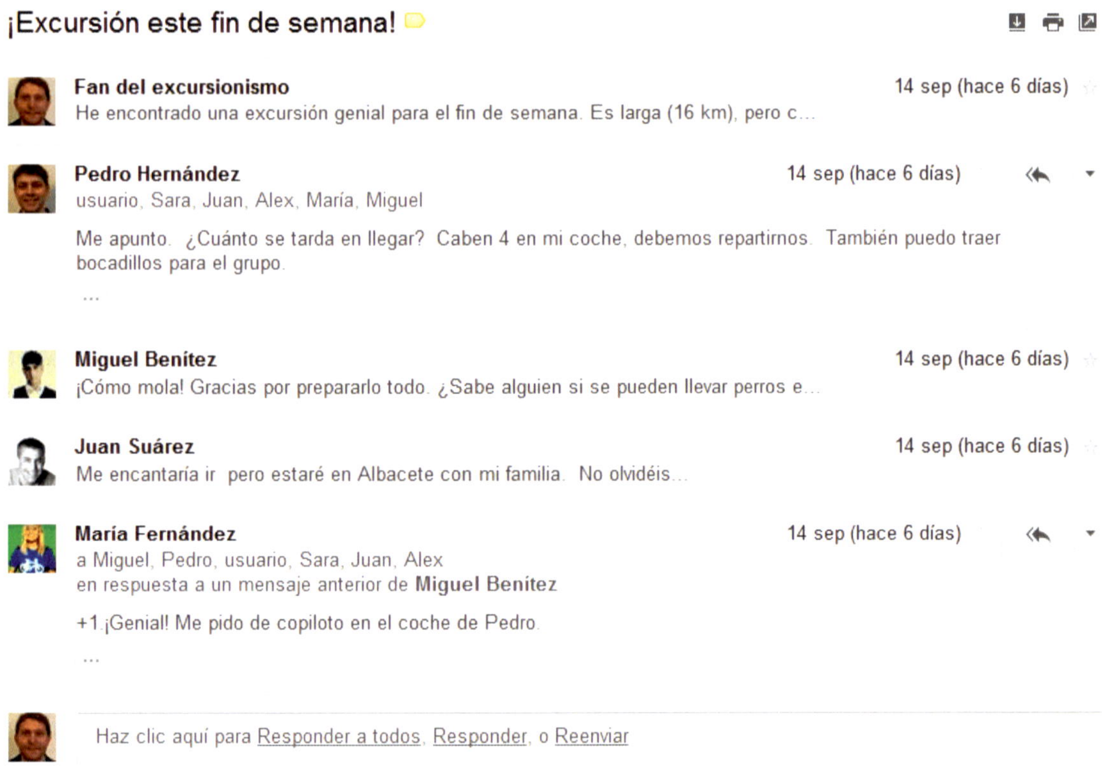

Vista de conversación de Gmail

Los mensajes aparecen unos debajo de otros por orden cronológico de llegada (del primer mensaje al último).

El nombre del remitente y los de las personas que han respondido al primer mensaje aparecen en la misma línea.

Al contestar a un mensaje recibido, aparecerá tras el nombre del remitente la nomenclatura **para mí**.

- Para leer los mensajes de una conversación, hacer clic en la línea correspondiente.
- Para ver el contenido de un mensaje o reducirlo, hacer clic en el encabezado del mismo.
- Hacer clic en el símbolo de puntos suspensivos para ver la totalidad del mensaje.
- Para ignorar una conversación (los mensajes de dicha conversación ya no estarán en **Recibidos**, sino en **Todos**), marcar la conversación, hacer clic en **Más > Silenciar.**
- Para desactivar una conversación (los mensajes de dicha conversación aparecen unos debajo de otros, al abrir un mensaje las conversaciones asociadas no aparecen), hacer clic en **Configuración > General > Vista de conversación > Inhabilitar vista de conversación.** Recordar guardar cambios antes de salir de la configuración.

B. Búsquedas

Con el buscador integrado en Gmail se pueden buscar mensajes en todas las carpetas de correo, carpetas o búsquedas en la web.

Para realizar una **búsqueda simple,** hacer clic en el cajetín de búsqueda y teclear lo que se está buscando, puede ser un remitente, un destinatario, una carpeta, el asunto de un mensaje, etc. Si el elemento aparece en la lista, seleccionar haciendo clic.

Cuando se hace una búsqueda aparece una lista que muestra los elementos encontrados dentro del correo que se corresponden con el criterio introducido; la última opción permite realizar la búsqueda en la web.

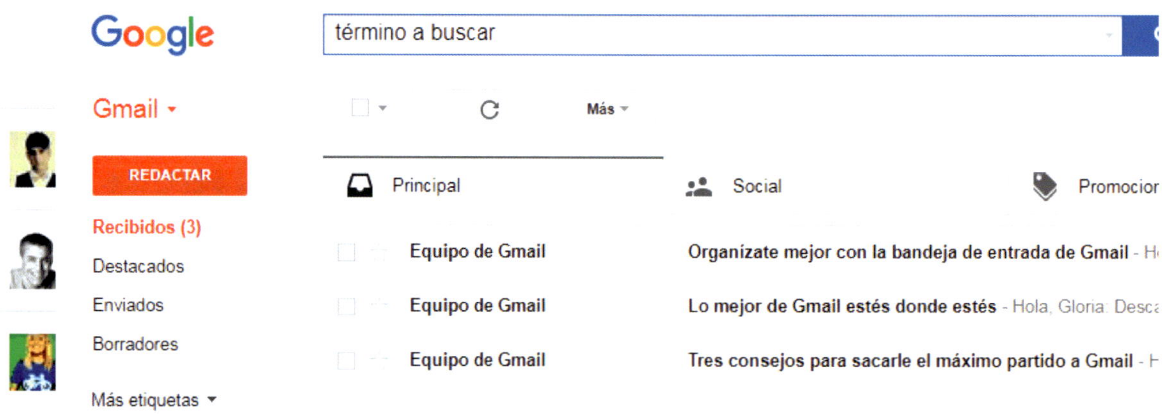

Búsqueda simple en Gmail

Para realizar una **búsqueda avanzada,** abrir la lista asociada al cajetín de búsqueda para ver las opciones avanzadas. Introducir los criterios de búsqueda y seleccionar la carpeta donde se desea realizar la búsqueda.

Para buscar los mensajes de un remitente concreto, seleccionar uno de sus mensajes y elegir la opción Filtrar mensajes similares (lista Más).

Búsqueda avanzada en Gmail

C. Escribir y enviar un mensaje

Para **escribir y enviar un mensaje con Gmail:**

1. Hacer clic en el botón **Redactar.**
2. Introducir la dirección del destinatario en el campo **Para.** Al introducir los primeros caracteres, Gmail ofrecerá una lista con las coincidencias siempre y cuando ese contacto forme parte de la lista o se le haya escrito anteriormente; también se puede seleccionar al destinatario o destinatarios desde los contactos.
3. Hacer clic en los campos **Cc** (Con copia) y **Cco** (Con copia oculta) si se necesita introduciendo la dirección o direcciones correspondientes.
4. Introducir el tema del mensaje en el campo **Asunto.**
5. Introducir el cuerpo del mensaje en el cuadro grande; si se quiere se puede cambiar el formato del texto en la opción **Opciones de formato.**
6. Hacer clic en el botón **Enviar** para enviar el mensaje.

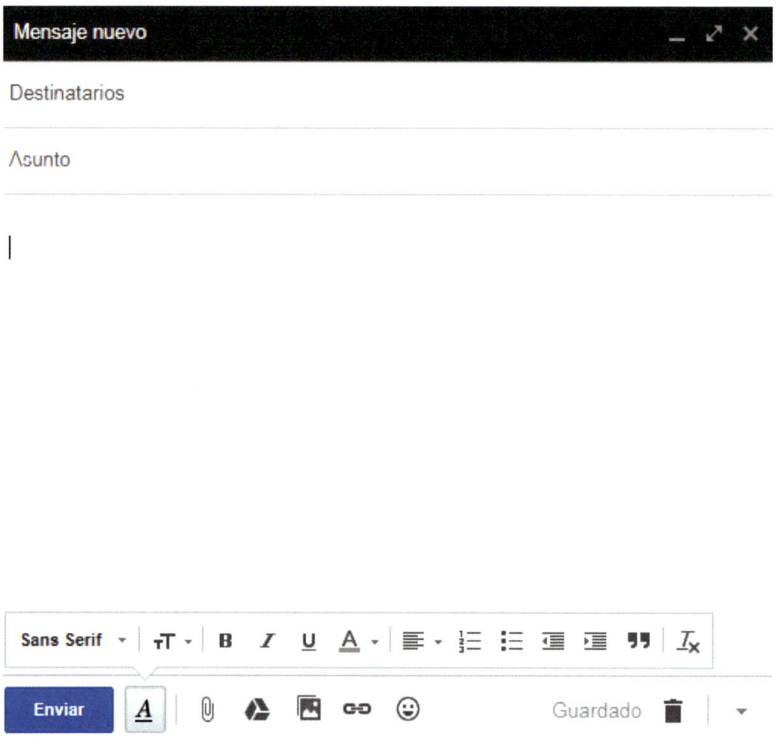

Redactar un nuevo mensaje en Gmail

D. Consultar un mensaje recibido, responder y reenviar

Los mensajes recibidos se almacenan en la carpeta **Recibidos** indicando con un número entre paréntesis los que no están leídos.

Para **consultar un mensaje recibido, responder y reenviar en Gmail:**

1. Seleccionar **Recibidos.**
2. Hacer clic en el mensaje que se desea consultar. Se pueden ver los detalles haciendo clic en **Muestra detalles.**
3. Al terminar de leer su mensaje, hacer clic en **Recibidos** para cerrarlo y volver a la lista de entrada

SABÍAS QUE

Para enviar un mensaje a varios destinatarios sin que las direcciones estén visibles, introducir las direcciones en el campo Cco y la propia en el campo Para; de esta forma los destinatarios solo verán tu dirección de correo en el mensaje enviado.

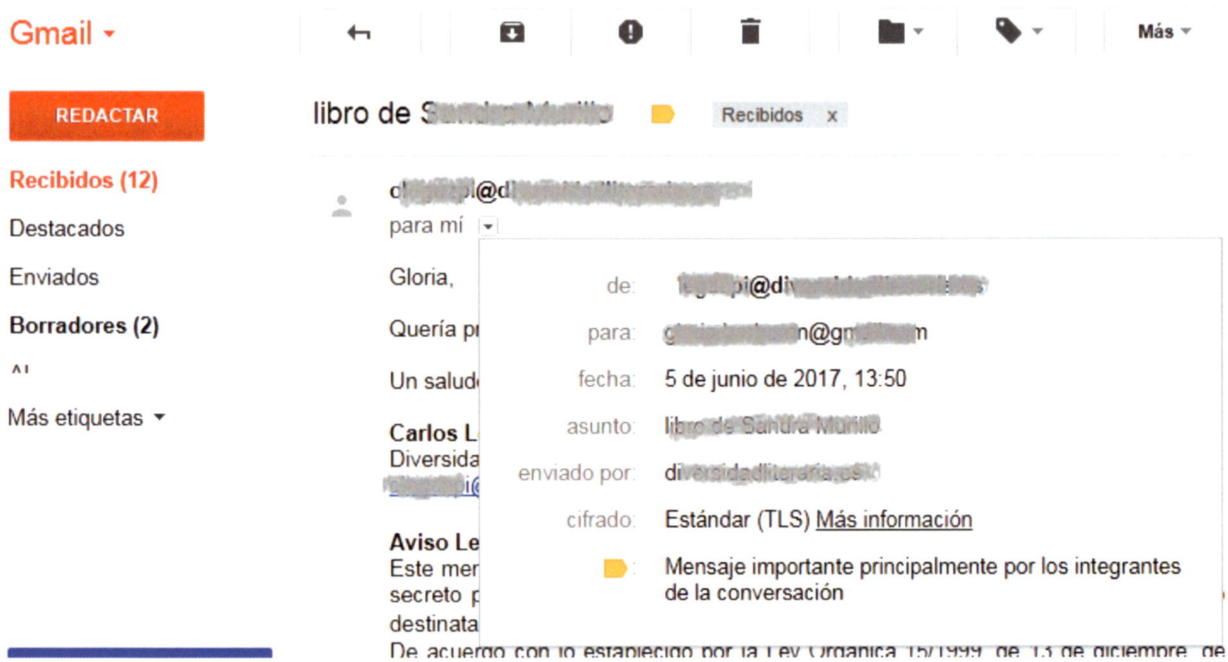

Consultar mensaje en Gmail

Seguir los siguientes pasos para **responder un mensaje o conversación en Gmail:**

1. Seleccionar **Recibidos.**
2. Hacer clic en el mensaje que se desea responder.
3. Hacer clic en **Responder** para responder al remitente o **Responder a todos** si se desea responder al remitente y a todos los destinatarios del mensaje.
4. Escribir la respuesta en el cuadro de texto.
5. Hacer clic en **Enviar.**
6. Para responder a una conversación, en **Recibidos**, hacer clic en la fila de conversación a la que se desea responder.
7. Redactar el mensaje como ya se ha explicado y hacer clic en **Enviar.**

Para **reenviar un mensaje en Gmail:**

1. Abrir el mensaje que se desea reenviar.
2. Hacer clic en **Responder > Reenviar.**
3. Escribir la dirección del destinatario o destinatarios en el campo **Para.**
4. Hacer clic en **Enviar.**

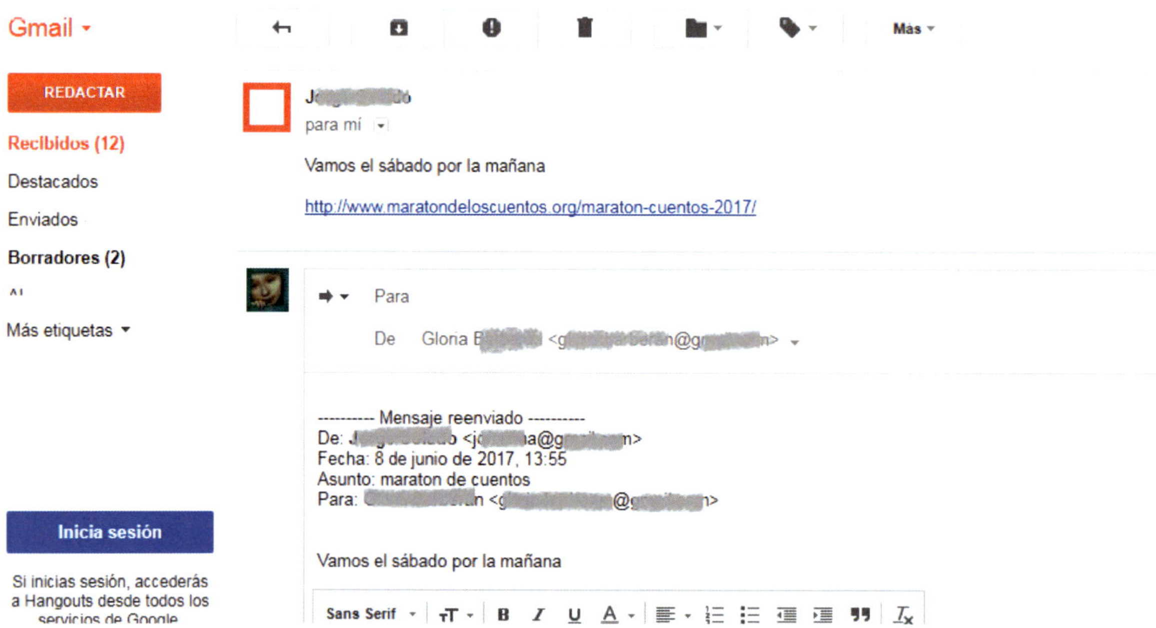

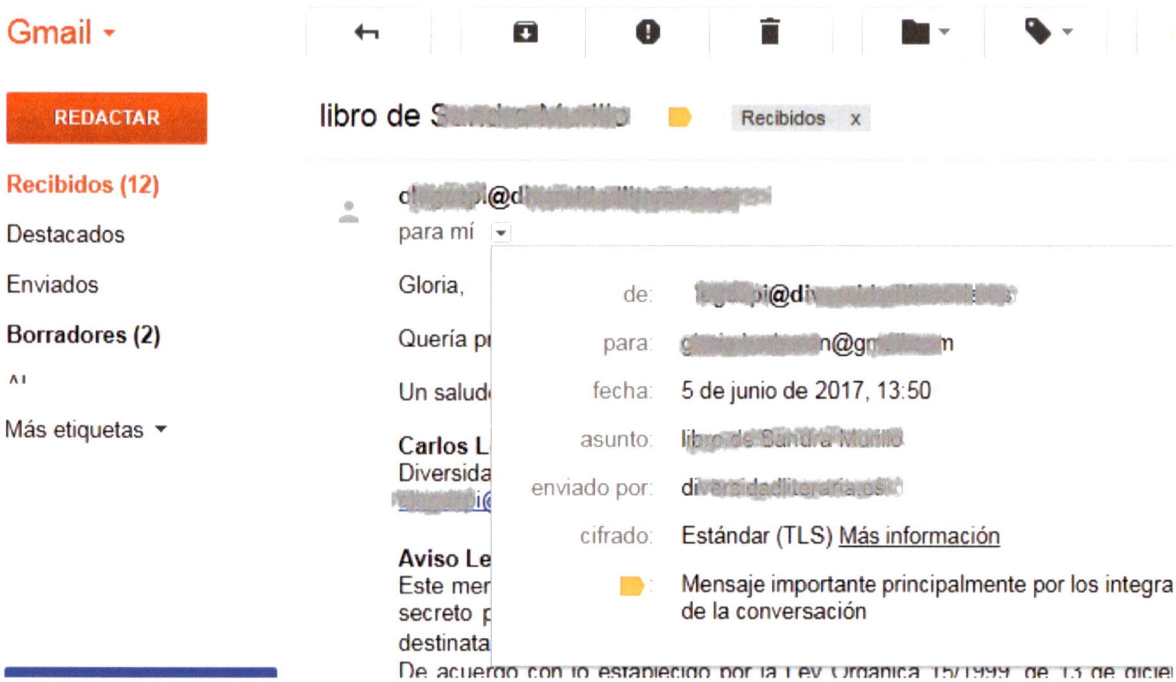

Reenviar mensaje en Gmail

E. Enviar y recibir adjuntos

Es posible añadir a los correos uno o varios archivos (imágenes, fotos, documentos, vídeos, etc.). El tamaño total de los archivos adjuntos no puede superar los 25 Mb.

Para **adjuntar archivos a mensaje en Gmail:**

1. Crear un nuevo mensaje.
2. Hacer clic en el botón **Adjuntar archivos.**
3. Localizar en el navegador de archivos aquel o aquellos que se deseen adjuntar y seleccionarlos.
4. Seleccionar el nombre del archivo.
5. Hacer clic en el botón **Abrir.**
6. Continuar redactando el mensaje y al termine, **Enviar**

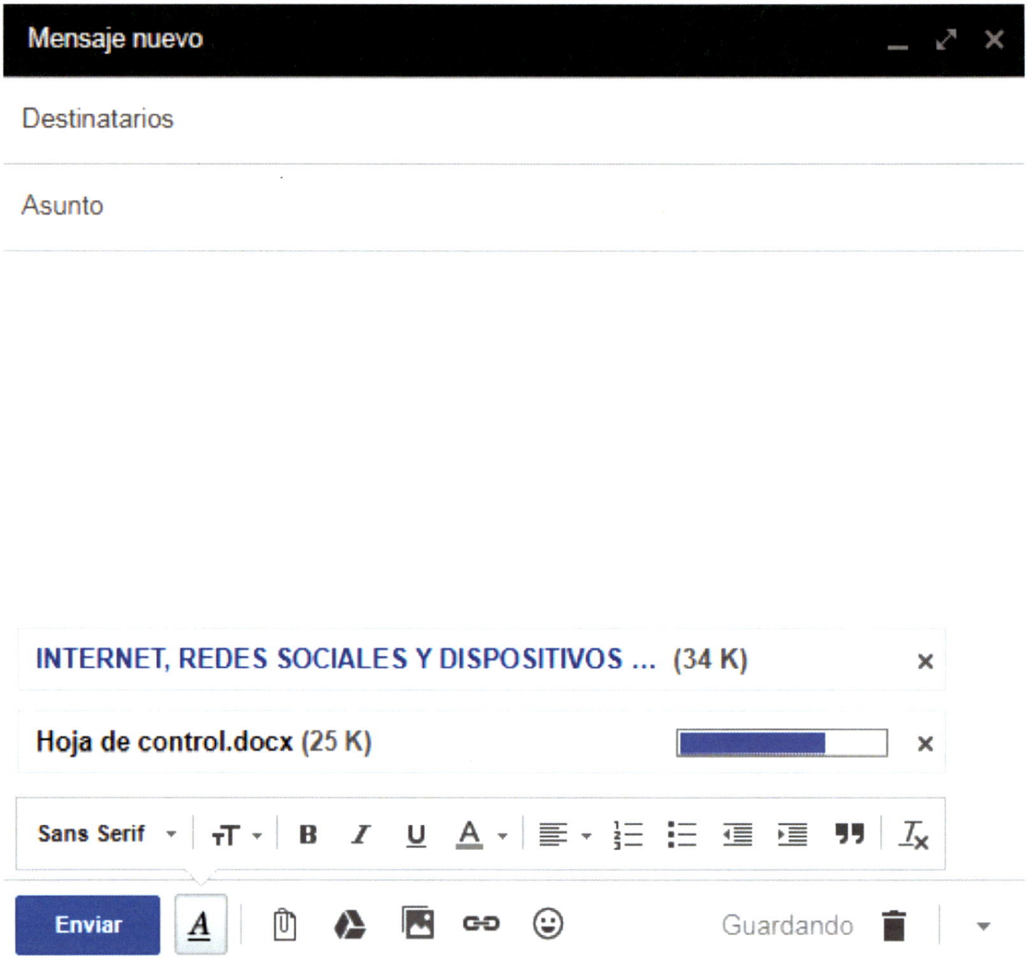

Adjuntar archivos a un mensaje de Gmail

Para recibir **archivos adjuntos en Gmail:**

1. Hacer clic en el mensaje con el archivo adjunto para abrirlo.
2. Para ver el contenido, hacer clic en su icono.
3. Para abrir el archivo o guardarlo, hacer clic en el icono del archivo.
4. Hacer clic en el icono **Descargar.**
5. Para guardar varios adjuntos, hacer clic en **Descargar todos los archivos adjuntos.**

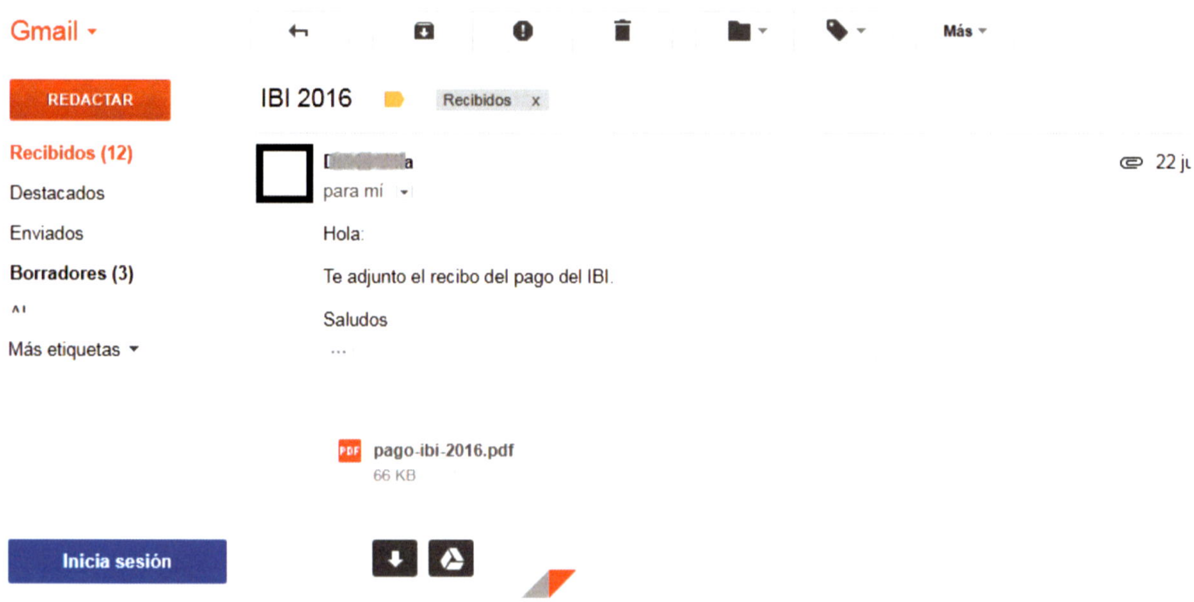

Descargar archivos de un mensaje de Gmail

Para abrir los archivos adjuntos se debe disponer de la aplicación correspondiente en el ordenador. Por motivos de seguridad, Google analiza los documentos adjuntos a los mensajes recibidos y enviados y bloquea aquellos que puedan contener virus (.bat, .exe., .vbs, .js, etc.).

F. Eliminar mensajes

Es posible eliminar un mensaje de la bandeja de entrada (se almacena en la etiqueta **Papelera**) o eliminarlo definitivamente vaciando esa carpeta.

Los mensajes eliminados se envían a la carpeta **Papelera** y se conservan durante 30 días.

Si se vacía la Papelera, se eliminan de forma definitiva los mensajes y no se podrán recuperar más adelante.

Los pasos para **eliminar los mensajes de Gmail son:**

1. Seleccionar el mensaje o mensajes que se desea eliminar y hacer clic en **Eliminar.**
2. Desde vista **Conversación**, se eliminarán todos los mensajes de la conversación seleccionada. Para eliminar solo un mensaje dentro de una conversación, hacer clic en el encabezado del mensaje que se desea eliminar, desplegar la lista **Responder** y seleccionar **Eliminar este mensaje.**

3. Para recuperar un mensaje, hacer clic en la carpeta **Papelera**, seleccionar el mensaje o mensajes a recuperar y hacer clic en **Mover a** y en el nombre de la carpeta a la que se quiera mover.
4. Para eliminar definitivamente un mensaje o mensajes, seleccionarlos de la carpeta **Papelera** y hacer clic en **Eliminar definitivamente.**
5. Para eliminar todos los elementos de la carpeta **Papelera**, hacer clic en la opción **Vaciar la papelera ahora > Aceptar.**

3. BÚSQUEDA DE LA INFORMACIÓN

Los **motores de búsqueda** son una herramienta cuyo fin es ayudar al usuario a encontrar la información que busca en sitios web.

Los principales motores de búsqueda y directorios son: Google, Bing, Yahoo, MSN y Lycos. También pueden encontrarse motores de búsqueda integrados en las páginas de inicio de los proveedores de acceso (MoviStar, Orange, etc.).

Google es el motor de búsqueda más utilizado en el mundo por la pertinencia de sus resultados, así como los servicios y herramientas que ofrece (imágenes, vídeos, mapas, traductor online).

La mayoría de los motores de búsqueda no distinguen entre mayúsculas y minúsculas, y tanto el orden de las palabras como las tildes pueden influir en el resultado de la búsqueda.

Google

3.1 Página de Inicio de Google

Para empezar a trabajar con el buscador, abrir la página de inicio de Google.

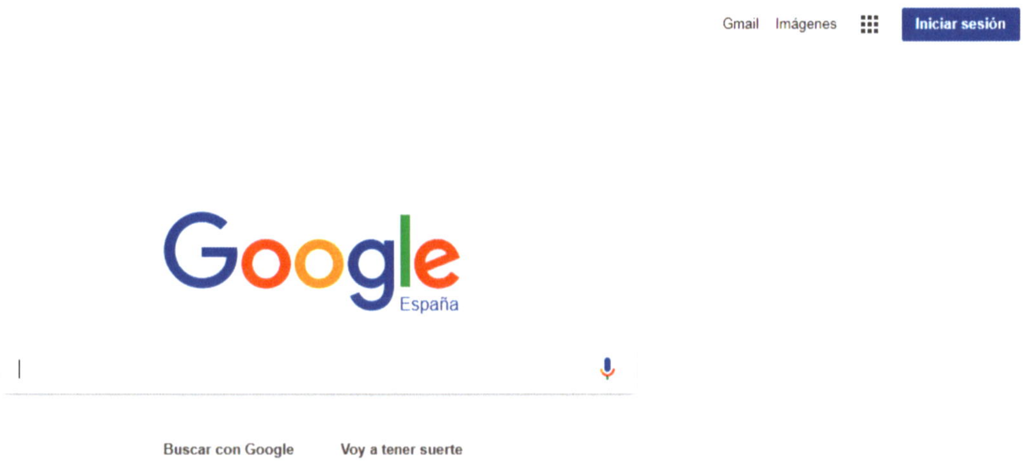

Página de inicio de Google

Los **elementos de la página de Inicio de Google** son:

Cuadro de texto	Donde se escribe el término de búsqueda.
Buscar con Google	Ejecuta la búsqueda.
Voy a tener suerte	Muestra directamente la página del primer resultado de la búsqueda sin pasar por la página de resultados.
Opciones de búsqueda	En la parte superior de la ventana aparecen los siguientes elementos: Gmail (acceso al correo), Imágenes (acceso a la búsqueda de imágenes de Google), icono de cuadrícula (lista de aplicaciones de Google) e Iniciar sesión (conecta con la cuenta de Google).

La cuadrícula de aplicaciones permite acceder a los buscadores de Google como, por ejemplo, YouTube, que permite buscar y visualizar vídeos; Maps, que da acceso a datos cartográficos; Noticias, Libros, etc.

3.2 Página de Inicio de Google

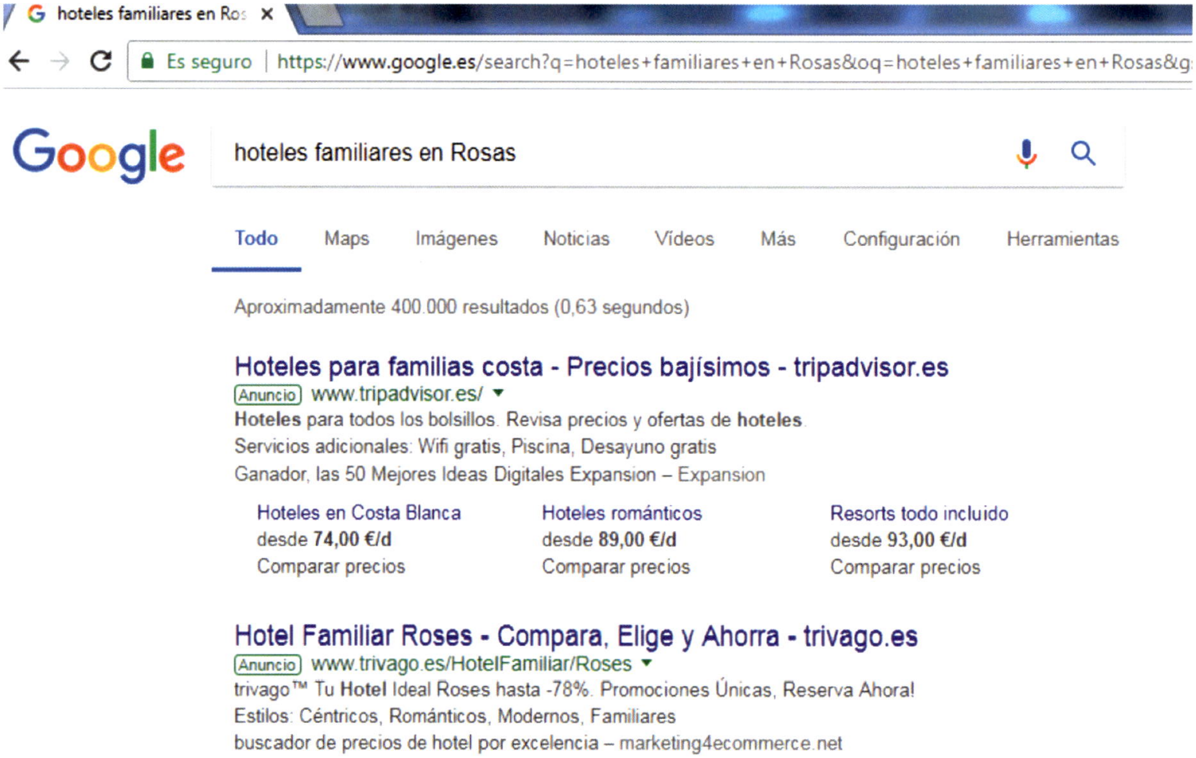

Página de resultados de Google

Los **principales elementos de la página de resultados de la búsqueda en Google** son:

Barra de herramientas y filtros	Maps, Imágenes, Noticias, Vídeos… Puede añadir filtros adicionales en la opción Herramientas.
Anuncio	También pueden aparecer en la parte derecha de la ventana, compuesto por: el título de la web, la URL y un extracto.
Sugerencias	Al final de la página, Google puede proponer una serie de Búsquedas relacionadas; y, la barra de navegación para pasar de una página a otra de resultados de la búsqueda.

Final de la página de resultados de Google

Al introducir varias palabras clave en el cajetín de búsqueda, Google muestra las páginas que contienen una o varias de esas palabras. Para afinar la búsqueda, se pueden unir esas palabras con **operadores específicos:**

- **Y o +,** hace una búsqueda de todas las palabras introducidas.
- **O u OR,** busca una palabra u otra.
- **Expresión entre comillas (""),** busca la expresión exacta.
- **NOT o -,** busca páginas que no contienen la palabra precedida por estos elementos.
- **~,** si precede una palabra de la vírgula, Google buscará sinónimos de la misma.

3.3 Buscar imágenes

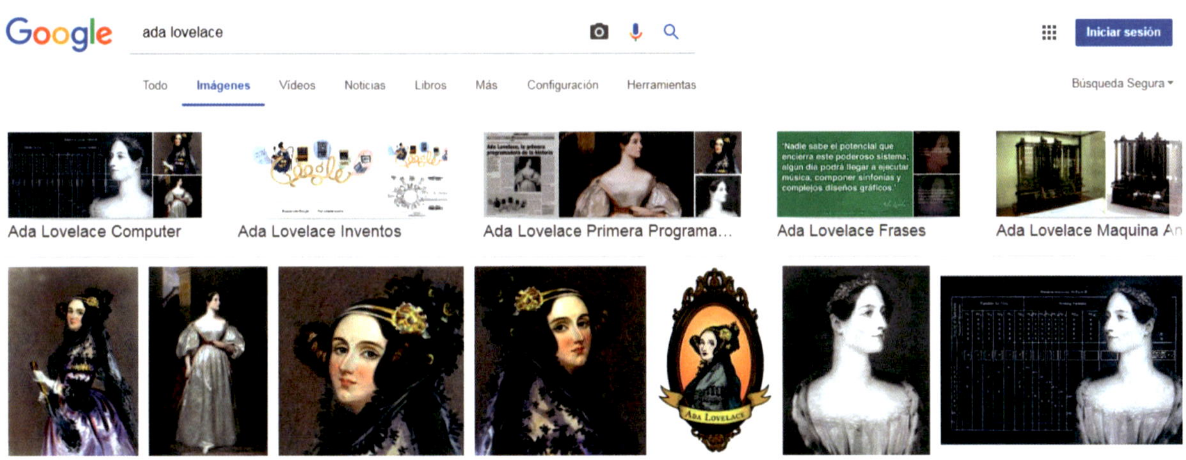

Búsqueda de imágenes de Google

Para la búsqueda de imágenes en Google:

1. Realizar una búsqueda en Google y, en la página de resultados, seleccionar **Imágenes.** Al igual que en la búsqueda en la web, Google ofrece sugerencias de búsqueda.
2. Filtrar los resultados utilizando las **Herramientas.**
3. Para ver una imagen a tamaño real, hacer clic en su miniatura y en el botón **Ver imagen.**
4. Para ir a la web de origen de la imagen seleccionada, hacer clic en su miniatura y en el botón **Visitar página.**

En la página de resultados de la búsqueda de imágenes estas aparecen en miniatura, al pasar el ratón por encima Google informa de sus dimensiones en píxeles y la web de origen.

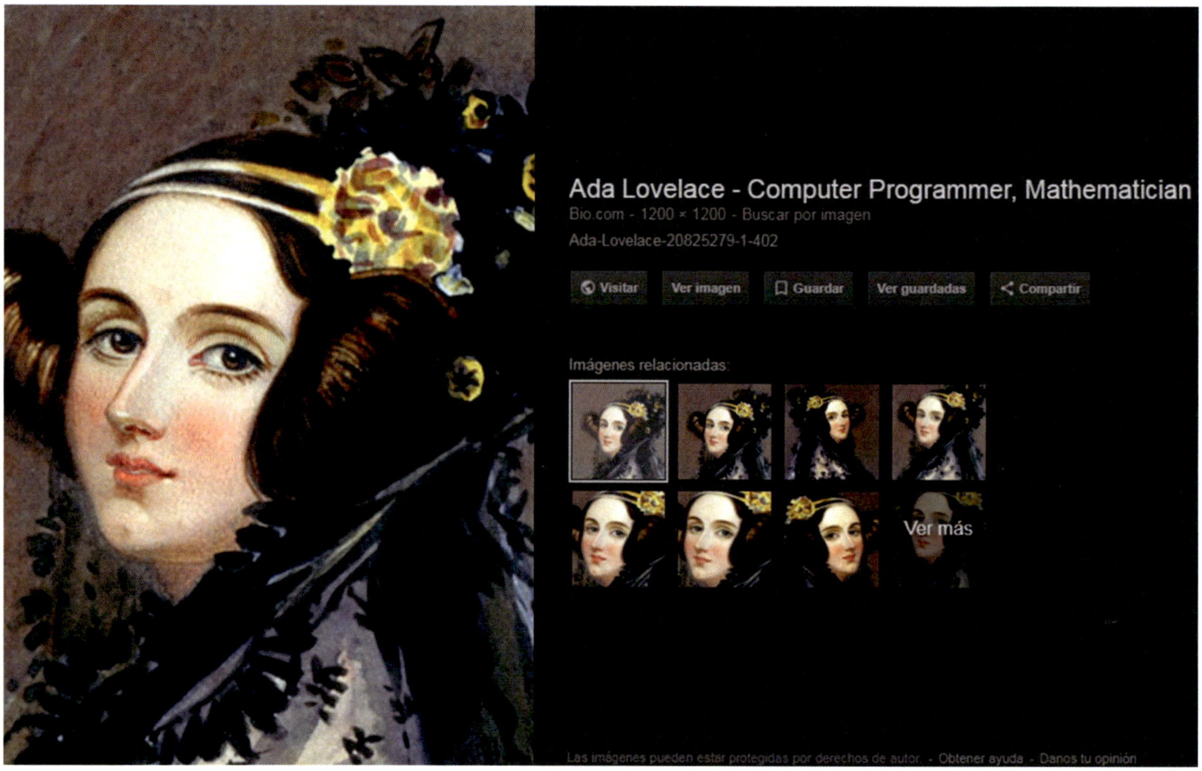

Ver imagen

Cuando se muestra una imagen a tamaño real, se puede imprimir, guardar, copiar o enviar por email haciendo clic sobre ella con el botón derecho y seleccionando la opción correspondiente.

3.4 Buscar mapas

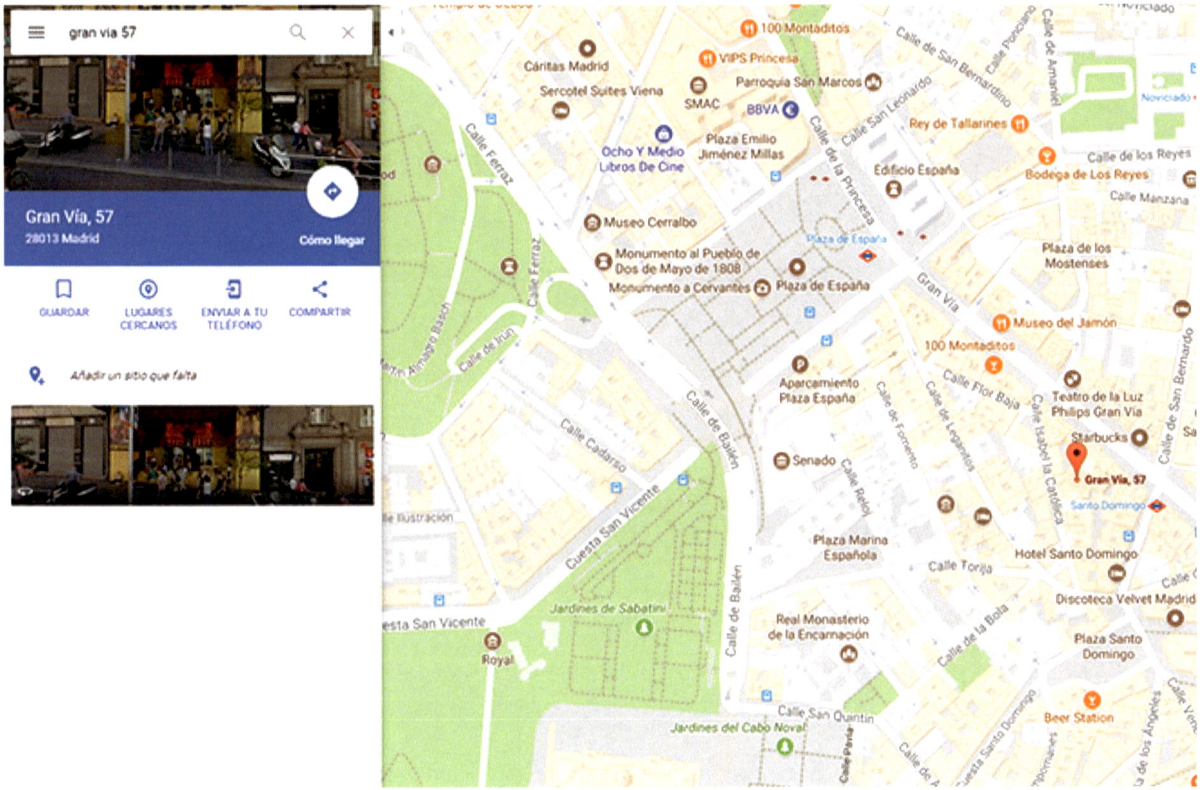

Búsqueda de mapas en Google

Los pasos para la **búsqueda de mapas en Google son:**

1. Seleccionar **Maps** en la búsqueda de Google.
2. Introducir el nombre de la ciudad, la dirección que se está buscando y pulsar Intro en el teclado.
3. Para ver los detalles, hacer clic en el marcador rojo.
4. Buscar la ruta desde o hasta ese lugar haciendo clic en **Cómo llegar.**
5. Es posible moverse por el mapa desplazándolo con el ratón.
6. Se puede aumentar o reducir el tamaño con el *zoom.*
7. Para ver una foto panorámica del lugar, mover el icono de Street View al mapa o seleccionar el modo satélite.

3.5 Buscar un libro

Google permite buscar en libros o revistas, y siempre y cuando el autor lo autorice, se puede consultar un extracto, una página o varias (normalmente aleatorias), o incluso en su totalidad.

Búsqueda de libros en Google

Para realizar una **búsqueda de libros o revistas en Google:**

1. En la página principal de Google, hacer clic en la cuadrícula de aplicaciones y Más, seleccionar **Libros**
2. Introducir el parámetro de búsqueda y hacer clic en **Buscar libros.**
3. Hacer clic en **Herramientas** para filtrar la búsqueda.

Página de resultados de búsqueda de libros en Google

En **Herramientas** se puede seleccionar el tipo de documento en el que se desea realizar la búsqueda, también se pueden seleccionar aquellos resultados que facilitan una vista previa, resultados solo en español, etc.

Cuando el título de los resultados coincide con el criterio de búsqueda, la página de resultados muestra el título de la obra, el nombre del autor, la fecha de publicación y un resumen.

Cuando se puede consultar parte de un libro, sobre el resumen aparece **Vista previa;** cuando puede consultarse la obra en su totalidad, el enlace aparece como **Leer**.

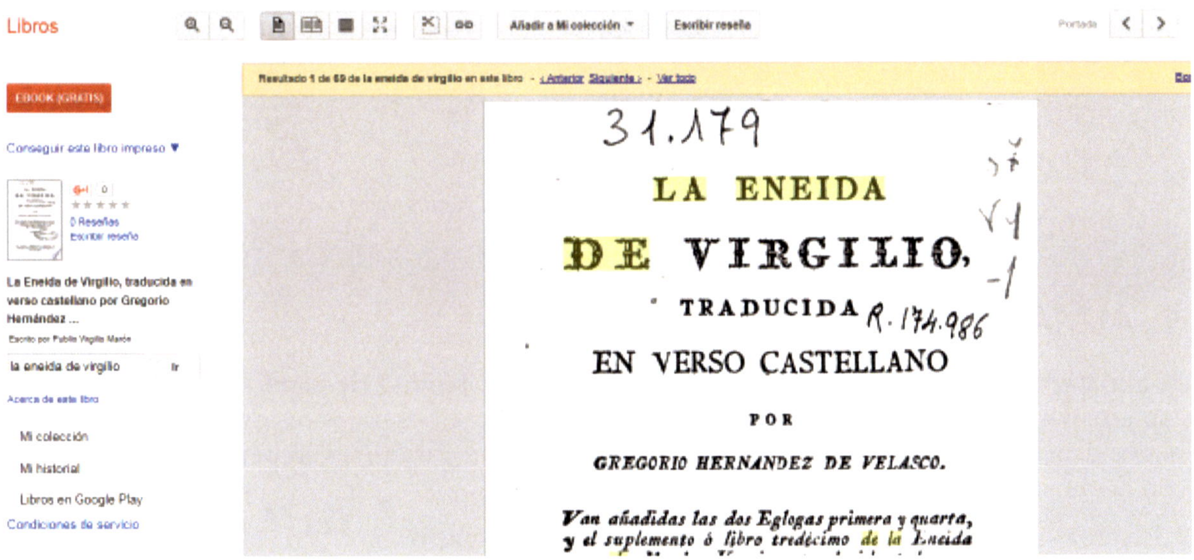

Vista de resultado

3.6 Buscar texto en una página

Google permite buscar un texto dentro del contenido de una web mediante el atajo de teclado **Ctrl+F.**

1. Utilizar el atajo de teclado para la búsqueda (Ctrl+F).
2. En la esquina superior derecha aparecerá un cajetín, introducir el parámetro de búsqueda. Según se va tecleando, Google indicará el número de coincidencias y las marcará en el texto con el fondo en amarillo

Búsqueda de texto dentro de una página web

4. ALMACENAMIENTO

El **almacenamiento** en Internet ofrece al usuario la posibilidad de almacenar información en espacios virtuales fuera del disco duro del ordenador local. Los datos residen en la web almacenados de forma dinámica en varios centros de datos para garantizar su permanencia y entrega con la mayor rapidez cuando es necesario.

Las **ventajas del almacenamiento en Internet para el usuario** son:

- Medidas de seguridad.
- La **ubicuidad,** porque permite acceder a los archivos desde cualquier lugar y en cualquier momento.
- La **capacidad ilimitada,** porque los servicios en la nube incorporan capacidad a medida de la demanda.

Las **ventajas del almacenamiento en la nube para las empresas** son:

- La **movilidad,** el acceso a los archivos y documentación en cualquier momento, desde cualquier sitio y distintos dispositivos con conexión a Internet.
- La **flexibilidad,** se adapta a las necesidades de cada individuo o empresa.
- La **productividad,** el trabajo en equipo y colaborativo es la base de la nueva economía.

- La **independencia,** hay libertad para cambiar de sistema cuando se quiera.
- La **seguridad,** el proveedor dispone de medidas de seguridad excepcionales.
- El **ahorro,** permite hasta un 40% de ahorro en hardware y software, 31% en costes de mantenimiento y hasta el 80% en consumo energético.
- La **reputación,** siempre que se haga un cumplimiento legal y efectivo de las normas de privacidad y protección de datos, así como de la protección de archivos y documentos de los clientes.

TOMA NOTA

El almacenamiento en la red puede ser gratuito o de pago, dependiendo de las necesidades del usuario, y debe evitar en cualquier caso la saturación del disco duro de nuestro ordenador.

Debe tenerse en cuenta que crea dependencia de los servicios en línea.

Almacenamiento en la Nube

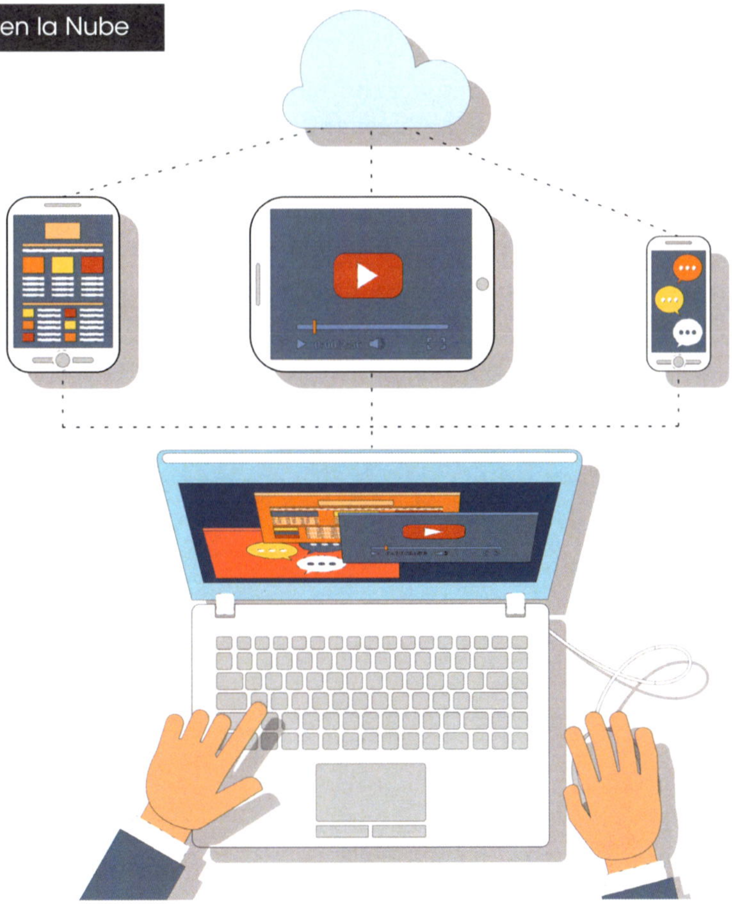

Los proveedores de almacenamiento en Internet deben facilitar:

- Medidas de seguridad.
- Acceso y auditoría de los datos.
- Localización de los datos almacenados.
- Tiempo mínimo de caída del servicio.
- Recuperación de datos.
- Acceso a la información y a los servicios desde cualquier lugar y en cualquier momento a través de distintos dispositivos.

5. CLOUD

El **almacenamiento en la nube**, *cloud storage*, es un modelo de almacenamiento de datos basado en redes de computadoras que permiten almacenar datos en espacios virtualizados, compartirlos y consultarlos desde cualquier ordenador con conexión a Internet.

Muchos sitios ofrecen estos servicios en la red de forma gratuita, algunos incluyen una versión de pago con mayor espacio de almacenamiento y durante más tiempo.

Cloud storage

Los **principales sitios de almacenamiento en la nube** son:

ADrive	Ofrece 50 Gb de almacenamiento; la versión gratuita permite transferir archivos de no más de 2 Gb, 16 en la de pago. La gestión de archivos se hace a través de su interfaz web; no permite editar documentos.
Dropbox	Ofrece 2 Gb de almacenamiento en su versión gratuita, hasta 500 en la de pago. El usuario dispone de: historial de archivos, aplicaciones de escritorio y *smartphone*, *streaming* de música y vídeos, y edición de contenidos.
Google Drive	Ofrece 15 Gb de almacenamiento a cualquier usuario con una cuenta de Google. Permite: el intercambio de documentos, control de historial de archivos, aplicaciones de escritorio y *smartphone*, *streaming* de música y vídeos, y edición de contenidos.
Hubic	Ofrece 25 Gb de almacenamiento gratuito para descargar y compartir archivos con un tamaño máximo de 25 Gb en la transferencia. Permite las aplicaciones de escritorio y para móvil.
Mega	Ofrece 50 Gb de almacenamiento sin límite de tamaño para los archivos guardados. Dispone de un servicio de administración de contactos, de correo específico y de administración e intercambio de archivos.
OneDrive	Ofrece 7 Gb de almacenamiento a cualquier usuario con una cuenta de Microsoft, hasta 45 Gb con una cuenta de Office 365. Permite aplicaciones de escritorio y *smartphone*, *streaming* de música y vídeos, y aplicaciones Web Apps.

Google Drive

Google Drive se caracteriza por:

Guardar cualquier tipo de archivo	Ofrece 15 Gb de almacenamiento online de Google gratis para empezar. Permite guardar fotos, artículos, diseños, dibujos, grabaciones, vídeos... También dispone de una versión de pago.
Permitir ver los archivos en cualquier lugar	Desde el smartphone, la tableta o el ordenador siempre y cuando se tenga conexión a Internet.
Compartir archivos y carpetas	Permite invitar a otros usuarios a ver los archivos que se quiera compartir, además de descargarlos y trabajar con ellos sin necesidad de enviar archivos adjuntos por correo electrónico
Colaborar en tiempo real	Permite compartir y trabajar con los archivos en tiempo real, incluyendo comentarios en los archivos y notificaciones de actividades automáticas que muestran quién ha editado los archivos compartidos y cuándo, lo que permite un control de versiones efectivo.

Google Drive está diseñado para trabajar con Google porque permite:

Guardar adjuntos de Gmail	En un correo con archivos adjuntos, colocar el cursor sobre el archivo y buscar el icono de Drive. Así es posible guardar los archivos adjuntos en la unidad de Drive para organizarlos y compartirlos desde un solo sitio centralizado y seguro.

Guardar adjuntos en Drive desde Gmail

Realizar una búsqueda avanzada	Drive es capaz de reconocer objetos en las imágenes y texto en los documentos escaneados.

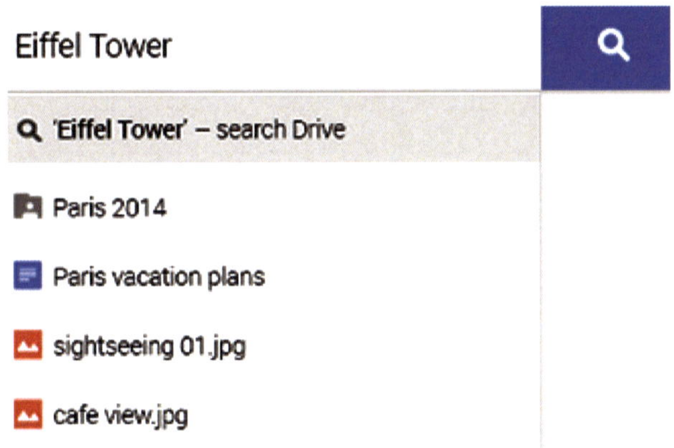

Búsquedas avanzadas en Drive

Editar fotografías	Permite guardar fotos y trabajar con ellas, editarlas, añadir animaciones, convertirlas en películas, entre otras opciones.

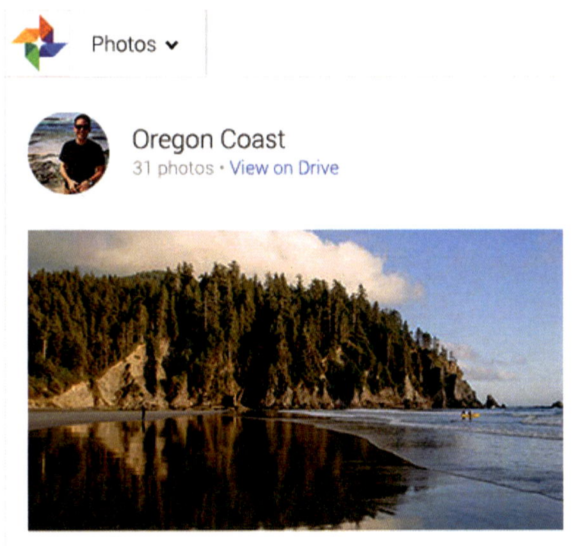

Editar fotografías en Drive

Además, Google Drive dispone de una serie de aplicaciones que permiten trabajar de una forma más eficiente:

Documentos, Hojas de Cálculo y Presentaciones	Permite crear y colaborar con otros usuarios, compartir archivos y documentos, diseñar hojas de cálculo y preparar una presentación.
Formularios	Permite realizar encuestas o formularios online.
Dibujos	Permite diseñar gráficos, crear diagramas de flujo y añadirlos después a documentos o insertarlos en un sitio web.
Otras aplicaciones	Dispone de más de 100 aplicaciones para Drive para sacar el máximo partido a sus contenidos

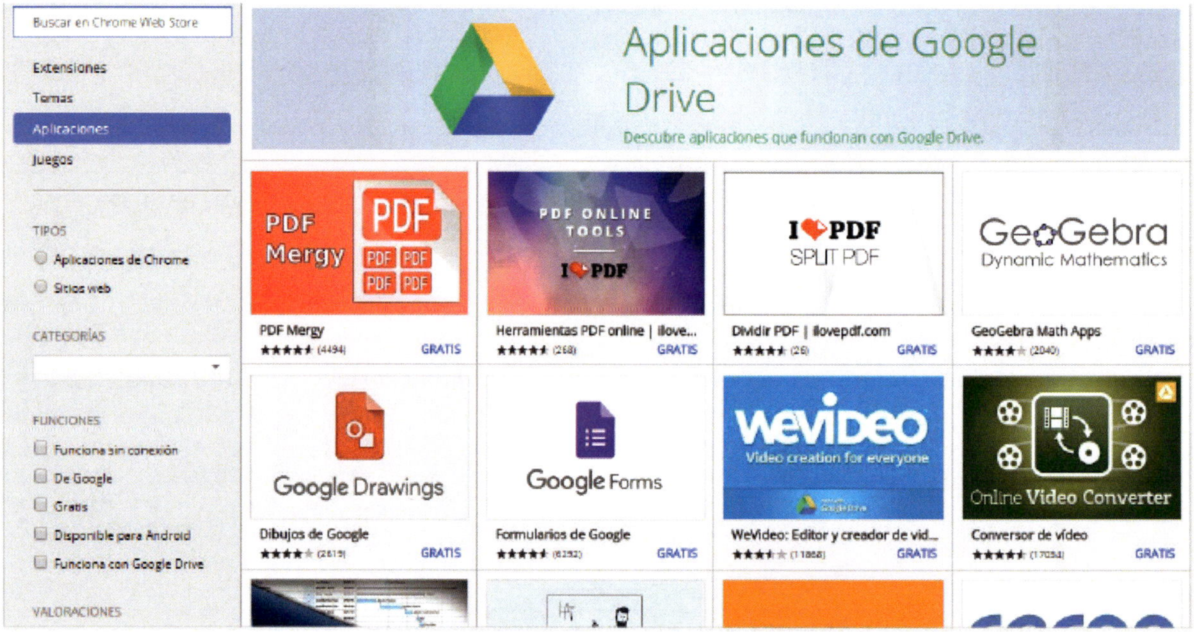

Aplicaciones de Google Drive

Google Drive tiene también una **versión para empresas: Drive for Work**. Se trata de uno de los muchos servicios que ofrece G Suite para las empresas, con distintas ofertas que incluyen distintas funcionalidades. Cuenta con almacenamiento ilimitado para guardar archivos, carpetas, copias de seguridad y todo contenido importante; y sincronización de archivos en ordenador, smartphone y tableta para acceder siempre que se necesite.

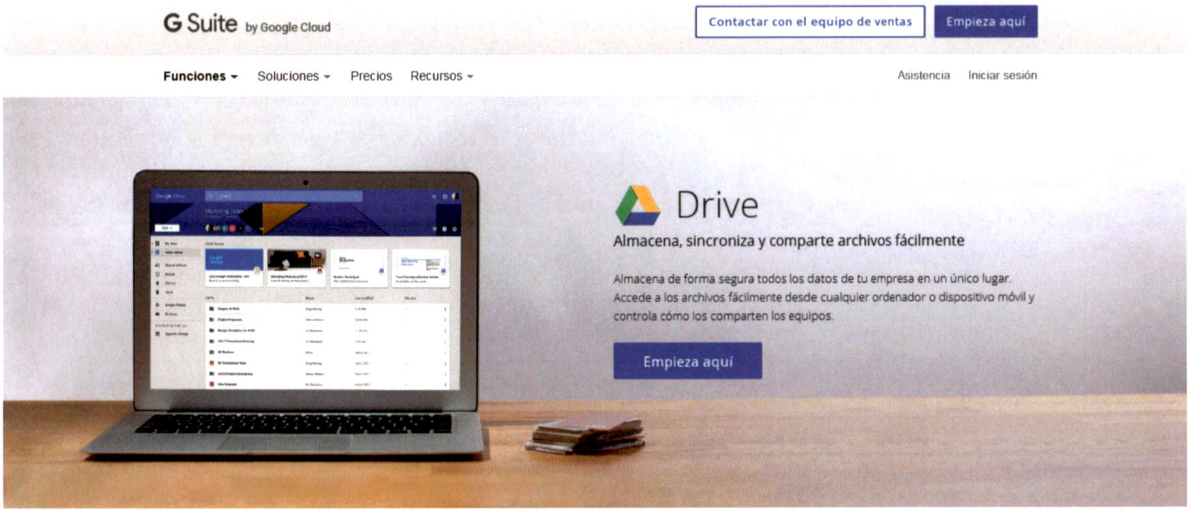

Google Drive for Work

Por otra parte, ofrece a las empresas herramientas potentes y fáciles de usar con las que administrar usuarios, proteger dispositivos mediante la administración de dispositivos móviles, establecer permisos para compartir contenidos y obtener información clave mediante funciones avanzadas de auditoría y generación de informes. Todo ello desde funciones de seguridad diseñadas específicamente para mantener los datos seguros y protegidos; una de las más importantes es el cifrado de datos en la transferencia de archivos desde un dispositivo a Google o desde un centro de datos de Google a otro, y cuando se almacenan en el dispositivo móvil. También dispone de asistencia 24 horas a los usuarios.

Google Drive for Work pemite:

Almacenamiento, sincronización y compartir archivos fácilmente	Permite almacenar de forma segura todos los datos de la empresa en un único lugar, acceder a los archivos fácilmente desde cualquier ordenador o dispositivo móvil, y controlar cómo los comparten los equipos.
Seguridad de los datos	Desde el panel de administración de G Suite, la Prevención de la Pérdida de Datos (DLP) y Vault para Drive, es muy fácil de gestionar usuarios y compartir archivos al mismo tiempo que se cumplen todos los requisitos establecidos para los datos.

Almacenamiento ilimitado	Las ediciones Business, Enterprise y para Equipos de G Suite proporcionan un almacenamiento ilimitado en la nube.
Máximo aprovechamiento de los datos	Gracias a la tecnología de aprendizaje automático de Google, Drive da una mayor utilidad a los datos al usarlos para predecir las necesidades de los usuarios. Además de poder buscar fácilmente contenido con funciones como la búsqueda de lenguaje natural y el reconocimiento óptico de caracteres (OCR), la sección Acceso rápido de Drive utiliza información (como pautas de trabajo habituales, reuniones programadas, etc.), para proporcionar los datos más importantes sin tener que buscarlos.
Organización de los equipos	Con las unidades de equipo, todo el trabajo del equipo se almacena en espacios compartidos seguros y fáciles de gestionar. Los archivos que se añaden a las unidades de equipo son propiedad colectiva del equipo, lo que permite que todos los miembros tengan toda la información siempre al día.
Uso de todo tipo de herramientas	Se pueden abrir más de 40 tipos de archivos diferentes, como PDF o MPEG4, y trabajar en archivos de Microsoft Word directamente desde Drive. Los complementos de Microsoft Office y Outlook facilitan el trabajo con Drive.
Uso de aplicaciones de proveedores	Hay muchas aplicaciones integradas, como DocuSign para firmar documentos, CloudLock para añadir capas de seguridad adicionales y LucidCharts para crear varios tipos de diagramas, que se pueden utilizar directamente desde Drive, etc.
Sincronización de archivos	Es posible sincronizar los archivos con el ordenador, así al hacer cambios en ellos desde un dispositivo se actualizará inmediatamente en los demás dispositivos conectados.

Herramientas de Google Drive para empresas

TOMA NOTA

A la hora de compartir archivos, para evitar distintas versiones de un mismo archivo, se puede otorgar a otros usuarios permiso para descargar, editar, comentar o consultar. También se puede asignar una fecha de vencimiento a los archivos compartidos. Por otra parte, se puede impedir el acceso a los archivos hasta que se decida compartirlos.

LO QUE HEMOS APRENDIDO

- Para entender el funcionamiento de **Internet** es importante conocer sus principales **protocolos** y **servicios.**
- El **correo electrónico** es uno de los servicios de Internet más utilizados por los usuarios. Para gestionar el correo electrónico se puede utilizar un **programa de gestión de correo** o **Webmail**.
- Otro de los principales servicios es la **búsqueda de información** mediante el **motor de búsqueda;** el más conocido es Google. Este buscador permite, entre otros, la búsqueda de imágenes, mapas, libros y texto en una página.
- El **almacenamiento en Internet** se ha convertido otro de los servicios más utilizados tanto a nivel de usuario como de empresa a través del *cloud storage.*

TEMA 3

Introducción a la Web 2.0: Redes sociales

- **Tipos: horizontales y verticales**
- **Blogs**
- **Protección de la información**
- **Huella digital**
- **Presencia de las empresas en la red**

OBJETIVOS:

- Conocer el concepto de Web 2.0
- Aprender el concepto de Red Social
- Conocer el concepto de blog
- Conocer las principales recomendaciones de seguridad para los datos
- Aprender el concepto de huella digital
- Valorar el uso de las redes sociales para la empresa

INTRODUCCIÓN

La **Web 2.0** y las **redes sociales** son elementos claves para entender Internet, su funcionamiento y, sobre todo, su éxito.

«Web 2.0 son todas aquellas utilidades y servicios de Internet que se sustentan en una base de datos, la cual puede ser modificada por los usuarios del servicio, ya sea en su contenido (añadiendo, cambiando o borrando información o asociando datos a la información existente), bien en la forma de presentarlos, o en contenido o forma simultáneamente» (Ribes, 2007).

El término Web 2.0 comprende aquellos sitios web que permiten a los usuarios compartir información y colaborar entre sí creando una «comunidad virtual»; las redes sociales son uno de los mejores ejemplos de esta estructura social.

El origen de este término lo encontramos en la conferencia sobre la Web 2.0 de O'Reilly Media en 2004. En ella, sugiere una nueva versión de la World Wide Web, una evolución basada principalmente en el uso de la Web por parte de los desarrolladores de software y los propios usuarios; al año siguiente, define el concepto mediante el mapa conceptual elaborado por Markus Angermeier, que resume los principios claves que caracterizan a las aplicaciones web 2.0.

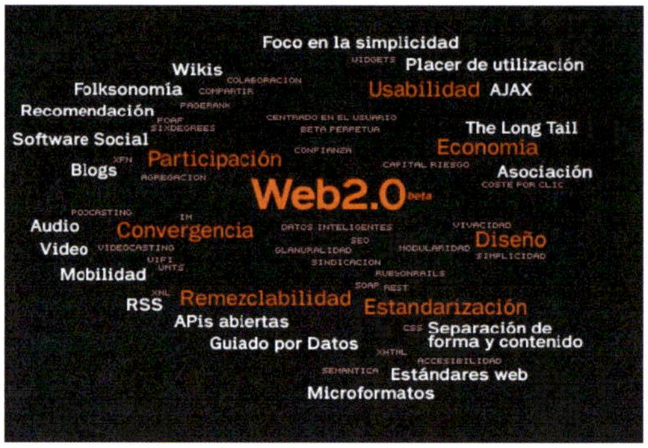

Mapa conceptual elaborado por Markus Angermeier

Los **principios generales de la Web 2.0** son:

- Está orientada a Internet.
- Permite el desarrollo de comunidades de usuarios.
- En constante revisión.
- Fácil de usar.
- Uso gratuito.
- Permite la personalización, la integración y la conexión.
- Permite la difusión de la información.
- Etiquetado social que facilita la búsqueda de contenidos.
- Facilita un espacio de encuentro.

Para entender la evolución de Web, observe el siguiente cuadro comparativo:

WEB 1.0	WEB 2.0	WEB 3.0
- Solo lectura. - Contenido generado solo por editores o webmaster. - Los usuarios solo se conectaban a la red. - Comercio electrónico. - Páginas estáticas. - La actualización de los sitios no se realiza de forma periódica. - Sitios direccionales y no colaborativos. - Difícil de manejar. Se requieren conocimientos técnicos específicos para utilizarla.	- Web de lectura y de escritura. - Inteligencia colectiva (intercambio de conocimientos). - Los usuarios no solo leen, también publican. - Redes sociales. - Compartir y colaborar son dos aspectos fundamentales. - El usuario crea y comparte, es protagonista. - No es necesario contar con grandes conocimientos técnicos para usarla.	- Web con sentido semántico. - Inteligencia artificial. - Programas avanzados. - Patrones de conducta de interacción. - Espacios tridimensionales. - Capacidad para relacionar conceptos de múltiples fuentes.

Una **red social** es una estructura integrada por personas, entidades u organizaciones conectadas entre sí por uno o varios tipos de relaciones (amistad, parentesco, económicas, intereses comunes, etc.).

Principales redes sociales

Las redes sociales responden a una nueva forma de comunicación en el marco de la interacción social de comunidades de usuarios donde se intercambian todo tipo de contenidos.

Se utilizan tanto a nivel personal como profesional para cultivar relaciones, fidelizar usuarios, llevar a cabo acciones de marketing, buscar oportunidades profesionales o fichar candidatos.

Las redes sociales se pueden clasificar según:

- Público objetivo y temática (explicado en el siguiente ítem).
- Sujeto principal de la relación.
- Localización geográfica.
- Plataforma.

1. TIPOS: HORIZONTALES Y VERTICALES

Según el público objetivo y la temática, las redes sociales se clasifican en: horizontales y verticales.

- Las redes sociales horizontales (o generalistas) están dirigidas a todo tipo de usuarios, permiten la libre participación proporcionando una herramienta para la interacción a nivel general. Son, por ejemplo: Facebook, Twitter y Google+.
- Las redes sociales verticales (o temáticas) están dirigidas a un público determinado, los usuarios acuden a ellos por un interés común por lo que sus contenidos son más segmentados. Se clasifican en tres grupos en función de su especialización:
  - Profesionales, permiten conectar a profesionales compartiendo información sobre una especialidad concreta y originando relaciones laborales. Las más conocidas son: LinkedIn, Xing y Viadeo.
  - De ocio, congregan a colectivos que desarrollan actividades de ocio, deporte, videojuegos, fans, etc. Algunas son: Dogster y My Space.
  - Mixtas, es una mezcla de las dos anteriores, ofrecen a usuarios y a empresas un entorno para el desarrollo de actividades personales y profesionales. Por ejemplo, Finect.

1.1 Redes horizontales

Las redes sociales horizontales más utilizadas en España son: Facebook, Twitter y Google+.

Logo de Facebook

A. Facebook

Facebook es una red social que ofrece una amplia variedad de servicios a sus usuarios: listas de amigos, chat, grupos y páginas, fotos, botón «Me gusta», aplicaciones, juegos, etc. Es la red social más utilizada en España con una tasa de uso del 91% respecto al resto de redes sociales.

Los **principales servicios de Facebook** son:

Biografía	Visible para los usuarios registrados. Su objetivo es agilizar y optimizar el paseo de los usuarios por los perfiles de los contactos. Permite añadir imágenes, animaciones, muestra la fecha exacta de las publicaciones, actualizaciones de estado, comentarios, etc. También permite añadir una foto de portada adicional en la parte superior, organizar las actividades: lista de amigos, «Me gusta», información personal, suscripciones, etc.
Lista de amigos	Es posible agregar a cualquier persona registrada, siempre que acepte la invitación. Facebook posee una herramienta de búsqueda y sugerencias de amigos.
Messenger	Servicio de mensajería instantánea en dispositivos móviles y ordenador personal.
Grupos y páginas	Para reunir a personas con intereses comunes, en los grupos se puede añadir fotos, vídeos, mensajes, etc.; las páginas se crean con fines específicos hacia marcas o personajes.
Fotos	

Botón «Me gusta»	Se sitúa la parte inferior de cada publicación, se caracteriza por un pequeño icono que permite valorar el nivel de aceptación de la publicación.
Juegos	

B. Twitter

Logo de Twitter

Twitter es un servicio de microblogging que permite enviar mensajes de texto plano con un máximo de 140 caracteres (tweets) que se muestran en la página principal del usuario y permite usuarios abonados (followers). Es la red más utilizada en España con una tasa de uso del 80% respecto al resto de redes sociales de microblogging.

Por defecto, los mensajes son públicos. Se puede twitear desde la web del servicio o a través de la aplicación para los dispositivos móviles.

Los **principales elementos de Twitter** son:

Mensajes	Se pueden agrupar mensajes sobre un mismo tema mediante el uso de etiquetas de almohadilla o *hashtag* («#»). La arroba («@») seguida del nombre del usuario se usa para mencionar o contestar a otros usuarios. Para volver a postear un mensaje de otro usuario y compartirlo los propios seguidores, se usa la función retuit que se marca con «RT» en el mensaje. Twitter tiene su propio acortador de enlaces: t.co, usado también como medida para evitar el spam.
Herramientas para añadir y seguir contenidos	Mediante herramientas como Tweetdeck, Salesforce.com o Hootsuite.

C. Google+

Logo de Google+)

Google+ es la red social de Google que integra servicios como círculos, Hangouts, intereses y comunidades. Es la segunda red social con más usuarios del mundo.

Google+ está disponible como aplicación de escritorio y como aplicación móvil, pero solo en el sistema operativo Android e iOS.

Los **principales servicios de Google+** son:

Círculos	Permite a los usuarios organizar a las personas en grupos o listas para compartir.
Hangouts	Función disponible para Android, iPhone y Web que permite comunicarse a través de mensajería instantánea y Videochat entre las personas añadidas. Se organiza en Personas, Comunidades, Novedades, botón +1, Hashtags, etc.

1.2 Redes verticales

La red social vertical más utilizada en España es LinkedIn.

Logo de LinkedIn

LinkedIn es una comunidad social orientada a empresas, negocios y empleo. Partiendo del perfil de cada usuario que libremente comparte su experiencia laboral y sus destrezas, la web pone en contacto a las empresas con los potenciales empleados. Es la cuarta red más usada en España con más de 8 millones de usuarios.

Uno de los propósitos de LinkedIn es que los usuarios registrados puedan mantener una lista con información de contactos de las personas con quienes tienen algún nivel de relación, llamado **Conexión.** Se puede invitar a cualquier persona a conectar. Estas listas se pueden usar de varias maneras:

- Red de contactos en distinto grado de conexión (directa, conexiones de segundo y tercer grado), lo que favorece la interactividad.
- Se puede subir el curriculum vitae o diseñar un perfil para mostrar la experiencia laboral y habilidades profesionales.
- Se puede utilizar para encontrar trabajo y oportunidades de negocio a través de recomendaciones.
- Los empleadores pueden listar puestos de trabajo y la búsqueda de candidatos.
- Los usuarios pueden seguir a empresas y su actividad (publicaciones, ofertas, etc.).
- Los usuarios pueden guardar trabajos.
- Los usuarios pueden ver cuántos y qué usuarios han visto su perfil.

2. BLOGS

Un **blog** o bitácora es un sitio web que uno o más autores actualizan con frecuencia publicando post o entradas, que aparecen en orden cronológico inverso, sobre un tema de interés y a menudo comentados por los lectores.

Las **características diferenciales de un blog** son:

1. La **periodicidad de publicación** de nuevos contenidos, suelen ser periodos cortos (se recomienda escribir un post por semana).
2. El blog que permite **comentarios** de sus lectores en torno al autor (comunicación bilateral, **permite crear una comunidad** y fomenta la fidelización).
3. El blog tiene un marcado toque **personal.**

Se recomienda:

- Escribir de lo que se sabe.
- Evitar la autocomplacencia.
- Ser constante.
- Ganar suscriptores.
- Ser participativo.
- Tener una sola voz.
- Planificación (categorías, calendario, actualidad).

Existen blogs personales, microblogging, corporativos, educativos, por género, por el tipo de medio de comunicación, etc. Algunos de los blogs más populares en España son: Microsiervos, Genbeta, Xataka y Wwwhatsnew.

Según un estudio, el 67% de los internautas visita redes sociales o blogs durante uno de cada once minutos de su tiempo de conexión.

Blog

2.1 Blogger

Las principales plataformas para la creación de blogs son: **Blogger** y **WordPress**. Blogger es un servicio de Google que permite crear y publicar un blog en línea sin necesidad de programar ni instalar software adicional.

Logo de Blogger

Las **principales funcionalidades de Blogger** son:

- Programación de entradas.
- Diseñador de plantillas, que permite personalizar el aspecto del blog sin programar.
- Publicación en dominios personalizados.
- Edición de imágenes y vídeos a través del editor de entradas.
- Permite acceso público o restringido al blog.
- Archivo anual, mensual, semanal o diario de los archivos del blog.
- Vistas dinámicas.
- Plantillas para dispositivos móviles.
- Comentarios opcionales en entradas y páginas del blog.
- Páginas asíncronas con contenido estático.
- Publicación en el blog a través de la aplicación para dispositivos móviles y del correo electrónico.
- Sindicación de contenidos por RSS de entradas del blog, etiquetas, comentarios del blog, comentarios por entradas, páginas estáticas y comentarios por páginas.
- Visualizador de fotografías.
- Página de error 404 personalizada.
- Integración de aplicaciones de terceros y posibilidad de desarrollar una propia.
- SEO, metatags, rastreo de robots y archivo robot.txt personalizado.

A continuación, explicamos de manera breve los **pasos para crear un blog:**

1. **Acceder a Blogger.** Es posible acceder desde el menú de aplicaciones de Google haciendo clic en **Más**. Ahí aparecerá el acceso, y se puede arrastrar el icono hasta la parte superior. También es posible acceder directamente desde la página principal insertando el usuario y contraseña.
2. Hacer clic en Nuevo blog. En la página principal de Blogger, hacer clic en el botón Nuevo Blog.

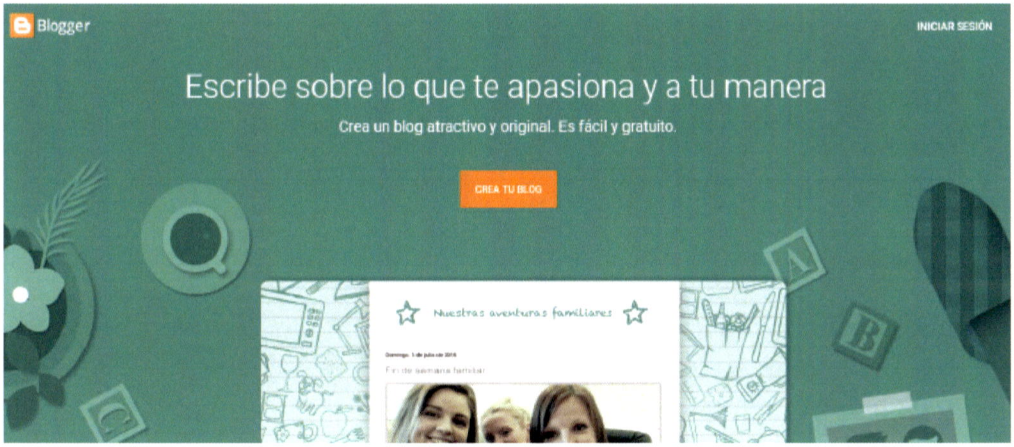

Crear un nuevo blog en Blogger

3. Seleccionar el tipo de perfil, en este caso, se ha de seleccionar Perfil de Blogger.

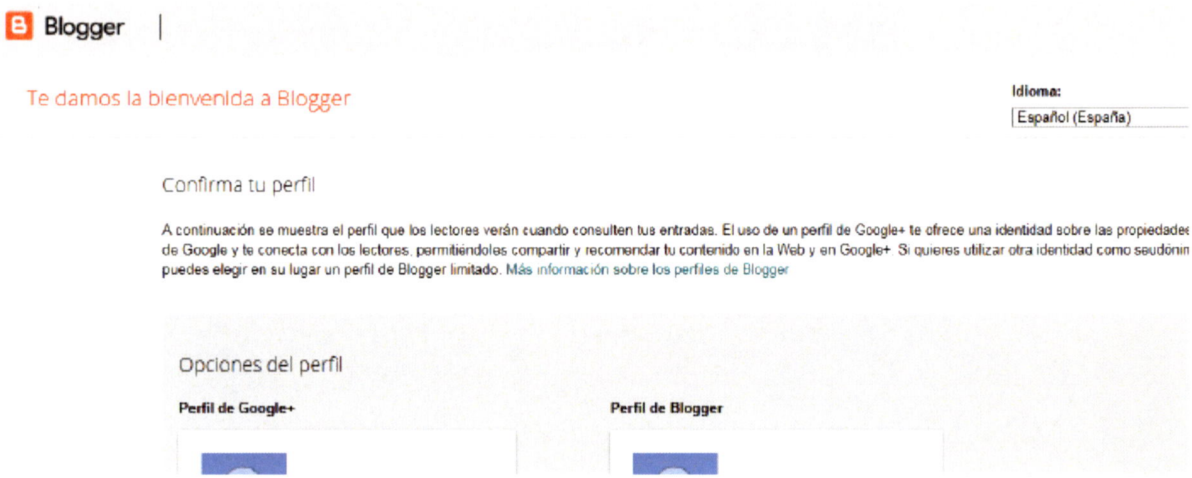

Tipo de perfil en Blogger

4. **Confirmar el perfil.** Completar los datos solicitados y confirmar el perfil.

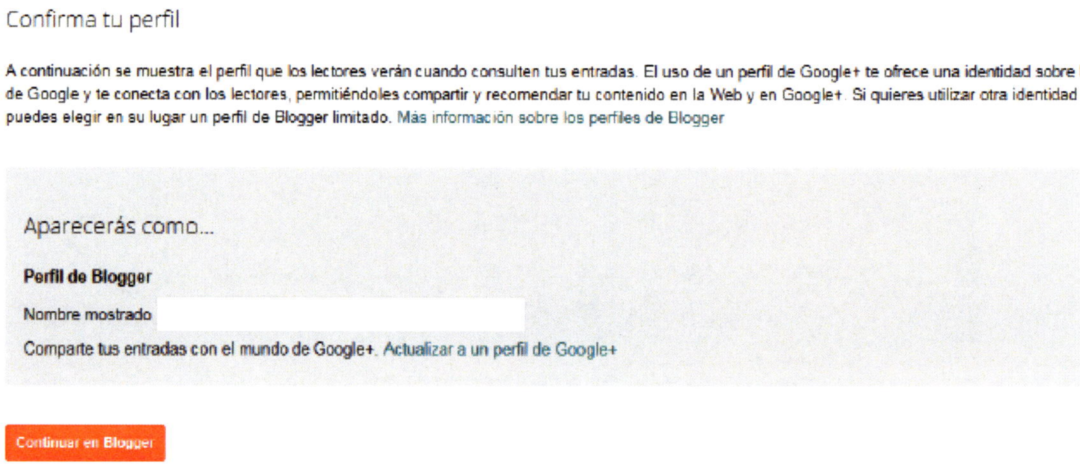

Confirmar perfil

5. Crear el blog haciendo clic en el botón Crear un blog.

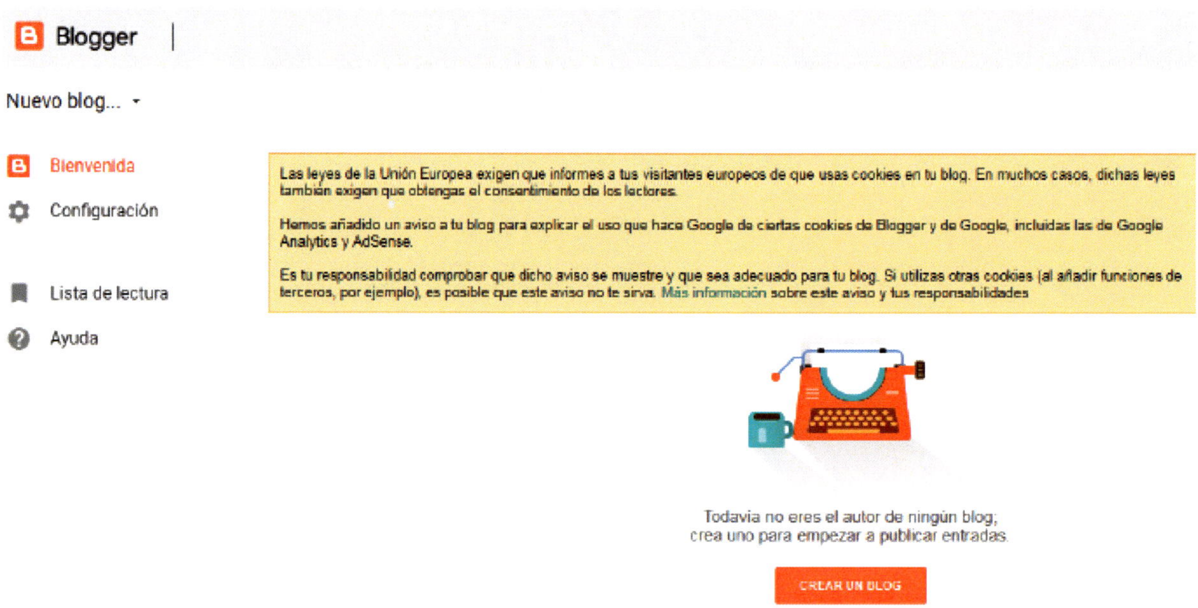

Crear un blog

6. **Datos para el nuevo blog.** Escribir el **título** del nuevo blog y la **dirección.** Para el título, utilizar texto normal, con espacios y tildes. Para la dirección, escribir el texto seguido (es la url del blog). Si la dirección escrita ya está ocupada, el sistema avisa y ofrece varias sugerencias, también es posible reescribirla hasta dar con una que no esté siendo usada.

TOMA NOTA

A la hora de escoger un tema, recuerda que, si no te gusta, puedes cambiarlo más adelante en la configuración del blog.

Lista de blogs. Crear un nuevo blog

7. **Página de gestión del blog.** Cada vez que se accede al blog, se entra en la página de gestión del blog. Desde esta ventana es posible gestionar los contenidos y la configuración del blog.

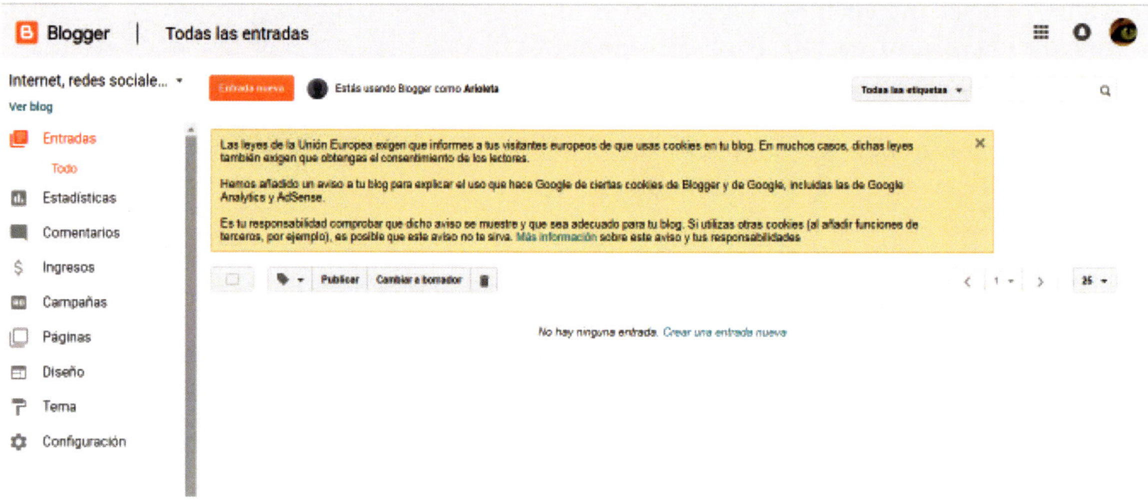

Página de gestión del blog

- **Entradas.** Corresponde a las publicaciones del blog. Se puede acceder a las entradas para editarlas, guardarlas como borrador o eliminarlas.
- **Estadísticas.** Ofrecen información del blog acerca de las páginas vistas por otros usuarios hoy, ayer, el último mes, historial completo y número de seguidores, fuentes de tráfico, audiencia, etc.
- **Comentarios.** Es posible gestionar los comentarios publicados por uno mismo y por otros usuarios.
- **Ingresos.** Google permite ganar dinero publicando anuncios en el blog a través de la herramienta AdSense.
- **Campañas.** Google permite ganar visitas a través de la publicación de un anuncio en Google a través de la herramienta AdWords.
- **Páginas.** Es posible crear páginas en el blog.
- **Diseño.** Se puede modificar el diseño del blog y añadir complementos.
- **Tema.** Se puede modificar el tema del blog. Blogger permite visualizar como se ve en el ordenador y en smartphones.
- **Configuración.** Se permite modificar la configuración del blog: título, privacidad, publicación, permisos; entradas, comentarios, elementos compartidos; idioma y formato; preferencias para motores de búsqueda; etc.

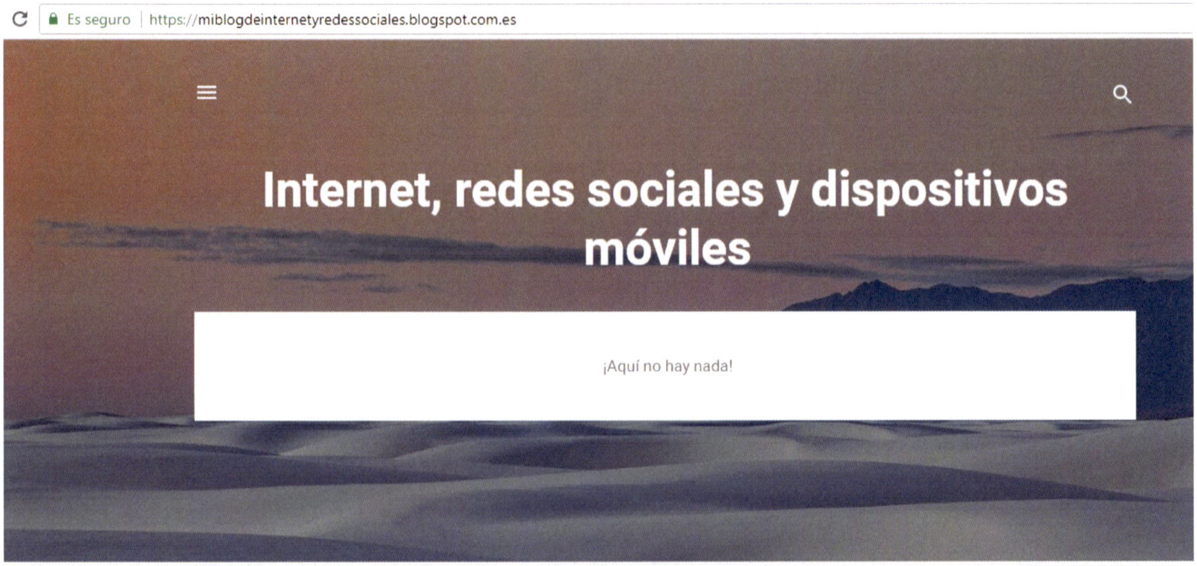

Blog de ejemplo

3. PROTECCIÓN DE LA INFORMACIÓN

Navegar por Internet conlleva riesgos, por lo que no es posible garantizar la protección del ordenador ni de los datos al 100%. Para proteger información se recomienda:

- Evitar situaciones de riesgo (por ejemplo, la descarga de software de un sitio poco seguro).
- Elegir contraseñas seguras (que combinen mayúsculas, minúsculas y números).
- Eliminar de forma regular el historial de navegación y las cookies.
- Almacenar de forma regular los datos en soportes externos (por ejemplo, en un disco duro).
- Actualizar de forma regular los programas que utilizan Internet (navegador y gestor de correo).
- Instalar y actualizar de forma regular programas de protección (antivirus, cortafuegos y antispyware).

Algunos **consejos para evitar situaciones de riesgo:**

Protección de datos

- Evitar compartir datos personales en cualquier tipo de red social (foros, blogs, redes sociales, etc.).
- No hacer clic en los enlaces de correos electrónicos, introducir la dirección en la barra de dirección del navegador.
- Analizar con el antivirus los archivos y programas descargados de Internet antes de abrirlos.
- Usar varias cuentas de correos, una concretamente para inscribirse en los sitios web, así si es objeto de spam podrá eliminarla sin problema.
- A la hora de hacer un pago, comprobar que el sitio cuenta con protección (la dirección debe empezar con el protocolo https).

4. HUELLA DIGITAL

La **huella digital** está formada por el rastro que dejamos al utilizar Internet, es decir, por todo aquello que publicamos, compartimos u otros publican o comparten sobre nosotros.

Hay varias formas en las que dejamos nuestra huella digital en Internet, por ejemplo:

- Sitios web y compras en línea (a través de las cookies pueden seguir nuestro historial en el navegador).
- Redes sociales (toda interacción en las redes sociales deja un registro, es importante configurar la privacidad de las cuentas en las redes sociales y los cambios de las mismas).
- Móviles, tabletas o portátiles (algunas webs generan un listado de los distintos dispositivos que se utilizan para acceder a Internet).

TOMA NOTA

El control parental es una herramienta muy útil para padres y educadores que permiten impedir a los menores el acceso a páginas web inapropiadas.

Derecho al olvido

4.1 El derecho al olvido

El **derecho al olvido** es el derecho a la cancelación y oposición aplicados a los buscadores de Internet, pretende impedir la difusión de información personal a través de Internet cuando su publicación no cumple los requisitos de adecuación y pertinencia previstos en la normativa.

Los **cinco puntos clave para ejercer el derecho al olvido** son:

1. Entender **qué es el derecho al olvido.** Es la manifestación de los tradicionales derechos de cancelación y oposición aplicados a los buscadores de Internet. Hace referencia al derecho a la difusión de nuestra información personal a través de la red cuando no cumple los requisitos de adecuación y pertinencia de la normativa vigente. Incluye el derecho a limitar la difusión de información cuando ya está obsoleta o no tiene relevancia ni interés público, aunque la publicación original sea legítima.
2. **Ejercer el derecho al olvido frente al buscador sin acudir primero a la fuente original.** Sí, se puede. Los motores de búsqueda y los editores originales realizan dos tratamientos de datos diferenciados por lo que sucede con frecuencia que no proceda conceder el derecho frente al editor y sí frente al motor de búsqueda, ya que la difusión que realiza el buscador puede tener un impacto desproporcionado sobre su privacidad.
3. **Al ejercer el derecho al olvido frente al buscador, no desaparece la información de Internet.** La sentencia del Tribunal de Justicia de la UE de 13 de mayo de 2014 declara que el ejercicio de los derechos de cancelación y oposición realizado frente a los buscadores solo afecta a los resultados obtenidos en las búsquedas hechas mediante el nombre de la persona y no implica que la página deba ser suprimida de los índices del buscador ni de la fuente original.
4. **Cómo ejercer el derecho al olvido.** La legislación española establece que para ejercer el derecho al olvido es imprescindible dirigirse primero a la entidad que está tratando los datos, en este caso al buscador. Los buscadores mayoritarios han habilitado formularios para recibir estas peticiones. Si el buscador no responde a la petición realizada o el usuario considera que la respuesta no es la adecuada, el usuario puede solicitar que la Agencia Española de Protección de Datos tutele su derecho frente al responsable. Dependiendo de cada caso concreto, la Agencia determinará si lo estima o no; a su vez, esta decisión es recurrible ante los Tribunales.
5. **El derecho al olvido no limita el derecho a recibir información.** En el caso de los buscadores, se debe realizar una ponderación caso por caso con el fin de alcanzar un equilibrio entre los diferentes derechos e intereses. Es imprescindible valorar las circunstancias de cada solicitud, por lo que se debe tener en cuenta el interés de los usuarios en acceder a una información.

6. Presencia de las empresas en la red

Internet es una comunidad con millones de personas conectadas entre sí por lo que ofrece a las empresas una oportunidad sin precedentes y les obliga a adaptarse y redefinir su modelo de negocio. Esta transformación repercute positivamente en la mejora de la productividad y la competitividad de la empresa.

Algunas de las **oportunidades que ofrece Internet a la empresa** son:

- Posibilidad de reducir de forma considerable determinados costes de proceso y gestión.
- Optimización de los procesos de toma de decisión, sobre todo en la gestión de compras, financiación y canales de distribución.
- Apertura de nuevas vías comerciales con costes significativamente inferiores a los existentes hasta el momento.

Empresas en la red

Algunas de las **ventajas que ofrece Internet a las PYMES** son:

- Información para los usuarios actualizada en tiempo real
- Negocio global, con un escaparate abierto para cualquier persona, en cualquier lugar a cualquier hora del día.
- Recepción de pedidos las 24 horas del día.

- Mejora de la comunicación con el cliente.
- Aumento de la productividad.
- Nuevas oportunidades de negocio.
- Presencia en Internet como factor diferencial frente a la competencia.
- Reducción de la inversión necesaria para llegar a los clientes potenciales.
- Mejor acceso al cliente.
- Medición de resultados.

5.1 Consejos para potenciar el negocio en Internet

- Tener presencia en Internet.
- Crear una página web que sea atractiva, clara y ordenada.
- Destacar ofertas, usar imágenes de los productos, descripciones y mapas.

Si no se tiene página web, Google **ofrece las siguientes herramientas gratuitas** para potenciar un negocio en Internet:

- Google+: para crear la página de la empresa y dar a conocer los productos y servicios en la web.
- YouTube: a través de un canal de vídeos para promocionar productos y servicios.
- Mapas: para dar a conocer la ubicación y que todas las personas conozcan la dirección, horarios, fotos y promociones del negocio.
- Google AdWords: para crear anuncios sencillos y eficaces que aparecen destacados en los resultados de búsqueda de Google (solo se paga cuando un usuario hace clic en el enlace).

LO QUE HEMOS APRENDIDO

- La Web 2.0 y las redes sociales son elementos clave para entender Internet y la relación que los usuarios establecen a través del mismo. Existen distintos tipos de redes sociales dependiendo del fin de las mismas.
- El blog es uno de los servicios Web 2.0 más utilizados por usuarios y empresas.
- Se recomienda al usuario seguir recomendaciones de seguridad básicas para la protección de su información evitando así situaciones de riesgo.
- La huella digital es el rastro que todo usuario deja en Internet a través del uso de sus servicios.
- En los últimos años, las empresas han incrementado su presencia en Internet gracias a las oportunidades y ventajas que ofrece la Web 2.0 y las redes sociales.

TEMA 4
Dispositivos

- La tecnología como medio de mejora competencial en el entorno laboral
- Identificación de soluciones tecnológicas a disposición del profesional y tendencias
- Dispositivos en el mercado: Smartphones, PDA's, tabletas, etc.
- Selección de las más apropiadas en función del tipo de actividad
- Funcionamiento básico
- Aplicaciones
- Soluciones de impresión

INTRODUCCIÓN

Los **dispositivos móviles** son los principales impulsores del cambio en la manera de relacionarse con las personas y organizaciones permitiendo nuevas oportunidades para la empresa. Permiten que la información importante esté disponible en cualquier momento, acelerando la toma de decisiones por parte del usuario y el aumento de su productividad.

Actualmente, el incremento del uso de los dispositivos móviles para la compra por Internet ha obligado a las empresas a cambiar su estrategia para mejorar la experiencia de los usuarios y su satisfacción.

OBJETIVOS:

- Conocer el concepto de dispositivo
- Aprender el concepto de Mobile Intelligence y Mobile Marketing
- Descubrir las tendencias tecnológicas para el año 2018
- Conocer los principales dispositivos del mercado y usos
- Asimilar las recomendaciones preventivas y las reactivas para una mejor gestión del perfil digital
- Conocer Android y su funcionamiento básico
- Aprender el concepto de aplicación y los principales sectores donde se emplean
- Descubrir las principales soluciones de impresión

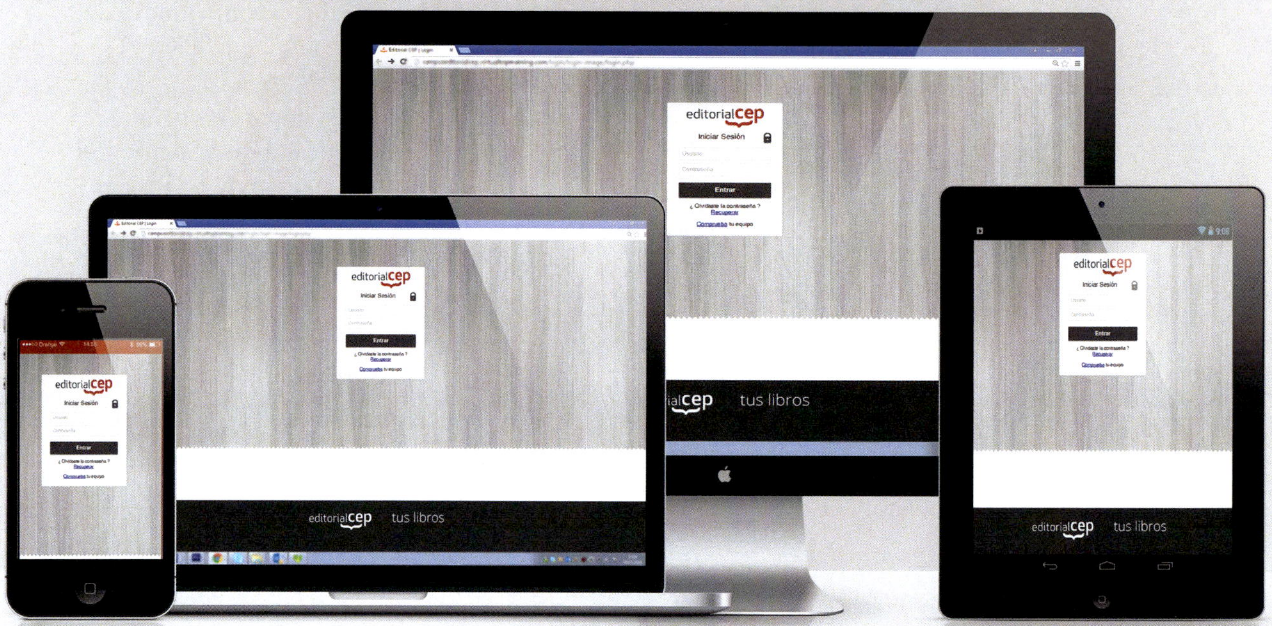

1. LA TECNOLOGÍA COMO MEDIO DE MEJORA COMPETENCIAL EN EL ENTORNO LABORAL

El entorno laboral debe adaptarse a la misma velocidad a la que cambia la tecnología.

Hoy en día prima la velocidad de actuación y de toma de decisiones. Una de las principales ventajas de los dispositivos móviles es que proporcionan el acceso de manera instantánea a información actualizada de forma fácil y rápida.

El nuevo reto de las empresas es determinar cómo aprovechar esta ventaja según sus necesidades.

Los dispositivos móviles son herramientas esenciales para la empresa ya que potencian la eficiencia y la agilidad en los negocios. Debido a la alta conectividad que permiten a sus usuarios, las empresas deben plantearse cómo puede ayudarles la adopción de estas nuevas tecnologías, ya sea a través de una aplicación para los clientes, para los empleados o varias aplicaciones distintas dependiendo de la productividad de la empresa.

La **adopción de estas herramientas por parte de la empresa** tiene una serie de **ventajas:**

Rompe barreras	Como la distancia o la inaccesibilidad permitiendo el teletrabajo, la competencia a nivel internacional de pequeñas y medianas empresas y fomentando la igualdad en la inclusión de personas con cargas familiares o discapacidad.
Aumenta la eficiencia y la productividad	Permite a las empresas ser más competitivas, eficientes y lograr un mayor índice de productividad.
Ofrece información en tiempo real	Permite a las empresas mejorar y anticipar la toma de decisiones.
Crea nuevas profesiones	Como la del desarrollador de aplicaciones móviles, analista digital o responsable del comercio electrónico.
Brinda opciones de atraer talento	El uso de canales digitales para la búsqueda de empleo permite atraer talento en mayor medida y conocer mejor a los candidatos.

Y de **inconvenientes:**

Genera empleos con mayor dependencia de la tecnología	Puede requerir a la empresa la adquisición de nuevo material informático y, por tanto, una mayor inversión económica.
Requiere una inversión previa	Conviene hacer un estudio acerca de qué tecnologías pueden ser más útiles para la empresa.
Es necesario contratar personal cualificado	Formando a los trabajadores, reclutando perfiles tecnológicamente avanzados o subcontratando tareas a otras empresas.

Tecnología y entorno laboral

2. IDENTIFICACIÓN DE SOLUCIONES TECNOLÓGICAS A DISPOSICIÓN DEL PROFESIONAL Y TENDENCIAS

2.1. Mobile Intelligence

«**Mobile Intelligence** o **Mobile Business Intelligence** es la capacidad que permite a los trabajadores móviles obtener la información de la empresa a través del análisis de la información con el uso de aplicaciones optimizadas para dispositivos móviles» (Verkooiji, K. y Spruit, M., Mobile Business Intelligence: key considerations for implementation projetcs, 2013).

Es una extensión de los programas de *Business Intelligence* que se usan en los ordenadores hasta los dispositivos móviles. Este software optimiza los informes para que se puedan ver de forma fácil y cómoda en pantallas pequeñas. Son idóneos para mostrar alertas con tablas y gráficos simples, además permiten añadir datos desde los dispositivos móviles, por lo que siempre están actualizados y permiten a los trabajadores tomar decisiones al instante.

El objetivo de las tecnologías de *Mobile Intelligence* es plasmar todo tipo de informe, datos, tendencia, etc. y ponerlo al alcance de cualquier empleado con total disponibilidad independientemente del momento y el lugar.

Las **ventajas del *Mobile Intelligence* para la empresa** son:

- Acceso ilimitado a los datos (posibilidad de realizar en cualquier momento y lugar consultas rápidas a informes personalizados lo que permite trabajar con gran volumen de datos).
- Inserción de datos con geolocalización o escaneo de códigos QR (permite completar y segmentar la información trabajando siempre con datos actualizados).
- Incorpora características como el filtrado de la información (permite mostrar al usuario información de su interés y actualizable de forma rápida y sencilla).

2.2. Mobile Marketing

El ***Mobile Marketing*** es un canal personal entre el anunciante (la empresa) y el público (usuario) a través del dispositivo móvil con el objeto de promocionar sus productos y servicios.

Una buena gestión del *mobile marketing* por parte de la empresa permite, entre otras cosas, promover la interacción entre empresa y cliente, facilita la difusión de ofertas y eventos, incentiva las compras, favorece la imagen de la marca y mejora la fidelización de los clientes.

La clave es la adaptación de las páginas web a los dispositivos móviles, disponer de una plataforma de pago segura a través del móvil y la solicitud al usuario de la conformidad para el uso de sus datos.

El uso de teléfono móvil como escaparate para la empresa permite a los usuarios disponer de información sensible y personalizada a través de mensajes de texto, códigos QR, sistemas de proximidad, servicios basados en la ubicación, etc.

Las **ventajas del *Mobile Marketing* para la empresa** son:

- Ahorro de costes en las campañas publicitarias.
- Segmentación (permite lanzar campañas para un público objetivo dependiendo de su edad, sexo, estudios, etc.).
- Personalización (permite individualizar la comunicación).
- Inmediatez y conveniencia.
- Alcance.
- Interactividad.

- Rapidez y adaptabilidad.
- Efecto viral.
- Medio complementario.

2.3. Tendencias tecnológicas del 2018

Las **nuevas tendencias tecnológicas** marcadas por el mercado para el próximo año **2018** para las empresas permitirán ganar en flexibilidad e independencia de respuesta para mejorar ante los cambios socioculturales y demográficos que modifican las necesidades de los consumidores potenciales y los nichos de mercado.

Tendencias tecnológicas del 2018

Las **tendencias tecnológicas para la empresa en 2018** son:

La nube como plataforma de gestión y análisis	Las aplicaciones y servicios en la nube crecerán espectacularmente y, con el tiempo, llegarán a ser mayoritarias frente a los servicios tradicionales.
Movilidad	Las personas están en permanente movimiento, por eso las empresas dispondrán de todo tipo de software en cualquier lugar y momento.
El análisis de la información	Las organizaciones podrán extraer valor de los datos que manejan gracias a tecnologías de análisis de datos: *Business Intelligence* y *Big Data*. Más información para una toma de decisiones más rápida y fiable.
Seguridad Digital	Los ciberataques aumentarán según todos los estudios. La protección de los datos con los que trabaja la organización será un elemento estratégico.
IoT, «Internet de las cosas»,	Cualquier dispositivo que se nos ocurra, gracias al avance de los sensores, se convertirá en una fuente generadora de información útil, tanto para el cliente como para el prestador del servicio.
Lo digital como estrategia	Ya no es concebible elaborar un Plan Estratégico completo y actual sin contar con el aspecto digital. Por ello, es previsible el crecimiento de los perfiles digitales en la estructura organizativa de las empresas.
Comunicación 360º con clientes, proveedores o socios	Se consolida el uso de las nuevas tecnologías para la comunicación entre personas. La estrategia digital de la pyme tiene que aprovechar estos nuevos canales para interactuar con el mercado y dar un nuevo valor a su negocio.
Formación digital	Se incrementarán los recursos para formar a las personas en las nuevas herramientas tecnológicas. Desde los colegios a las universidades y empresas, los profesionales tienen que estar al día y manejar los novedosos recursos que ya existen para impulsar la digitalización de la sociedad.

3. DISPOSITIVOS EN EL MERCADO: SMARTPHONES, PDA'S, TABLETAS, ETC.

3.1 Smartphone

El **smartphone** o teléfono inteligente es un tipo de teléfono móvil que permite almacenar datos y realizar otro tipo de actividades semejante a una minicomputadora, y presenta mayor conectividad que un teléfono móvil convencional.

Los rasgos distintivos de los smartphones son: acceso al correo electrónico, función multitarea, acceso a Internet por wifi o redes 2G, 3G o 4G, función multimedia, agenda, contactos, GPS, navegador y programas de tipo escritorio (Office).

Los sistemas operativos más frecuentes utilizados por este tipo de dispositivo son Android (Google), iOS (Apple), Windows Phone (Microsoft), BlackBerry OS y BlackBerry 10 (Blackberry).

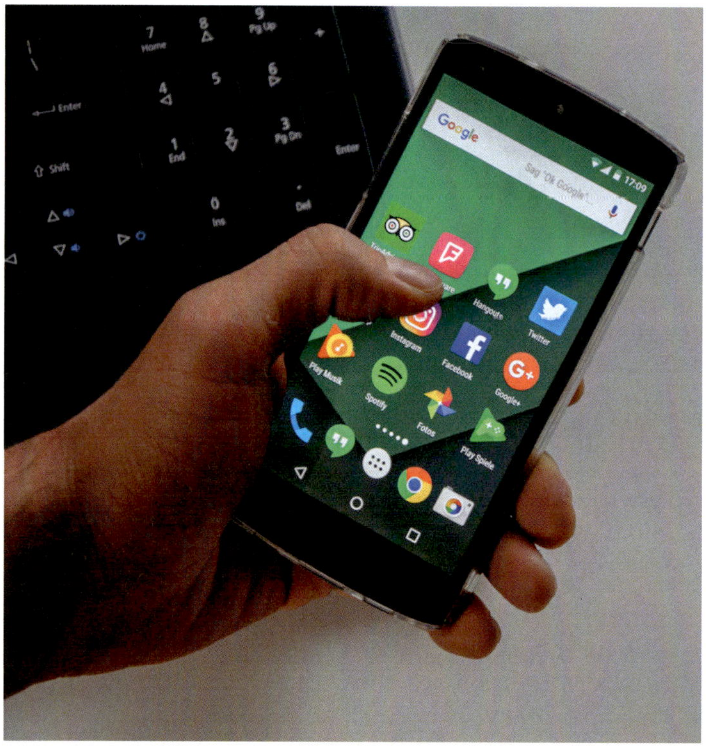

Smartphone

3.2. PDA

La **PDA** o *Personal Digital Assistant* es un dispositivo que permite realizar muchas de las funciones de una computadora de escritorio, pero con la ventaja de ser portátil.

Inicialmente incluían aplicaciones relacionadas con la agenda electrónica: calendario, lista de contactos, bloc de notas y recordatorios. Actualmente han ampliado su funcionalidad incluyendo aplicaciones como juegos, acceso al correo electrónico, reproductor de audio y video, creación de documentos, navegador...

Sus características principales son la pantalla táctil, uso de tarjetas de memoria, la conectividad por cable e inalámbrica y la sincronización de datos.

Los sistemas operativos más frecuentes utilizados por este tipo de dispositivo son Android, iOS, Windows, Palm OS, Pocket PC, Symbian OS, MeeGo y Linux.

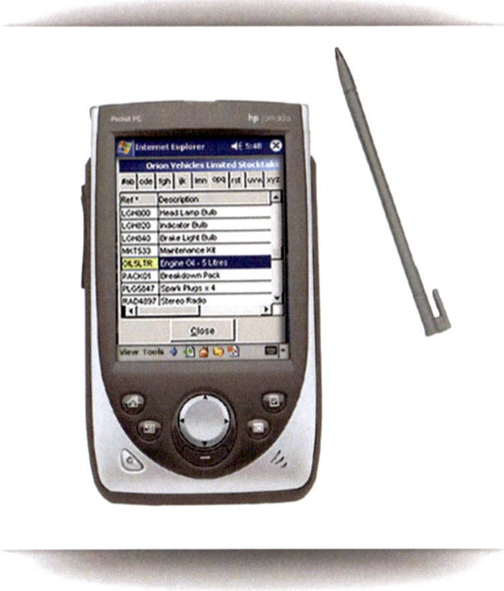

PDA

3.3. Tableta

La **tableta** es una computadora portátil de mayor tamaño que un smartphone y una PDA, integrada en una pantalla táctil sin necesidad de teclado ni ratón.

Las principales utilidades de la tableta son lectura de libros electrónicos, lectura sin conexión a Internet, lectura de comics, consulta y edición de documentos, navegador web, llamadas telefónicas, GPS, reproducción de audio y video, cámara de fotos y vídeo, y videoconferencia.

Sus ventajas son la facilidad de uso en entorno con espacio limitado, su peso ligero, el entorno táctil, facilidad para realizar dibujos digitales y edición de imagen, y la duración de la batería es mayor que la de un portátil.

Los sistemas operativos más frecuentes utilizados por este tipo de dispositivo son: Android, iOS y Windows.

Tableta

3.4. Reloj inteligente

El **reloj inteligente** o *smartwatch* es un reloj de pulsera dotado con funcionalidades que lo distinguen del convencional, como son acceso a Internet, realizar y recibir llamadas, enviar y recibir emails y SMS, recibir notificaciones y consultar redes sociales.

Incluyen características como el acelerómetro, giroscopio, brújula, pulsímetro, barómetro, altímetro, GPS, altavoz, micrófono, etc.

Los sistemas operativos más frecuentes utilizados por este tipo de dispositivo son Android, Tizen y watchOS.

Reloj inteligente

3.5. Libro electrónico

El **libro electrónico** o e-book es la versión electrónica o digital de un libro, destaca por su uso de la tinta electrónica que aporta a la lectura un «efecto papel», y su bajo consumo.

Sus principales ventajas son: lectura de cualquier tipo de documento en cualquier lugar, el uso de la tinta electrónica que permite una lectura cómoda y de larga duración, acceso a Internet y bajo consumo de batería.

Los formatos más frecuentes utilizados por este tipo de dispositivo son DjVu, doc, ePub, HTML y rtf.

E-book

4. SELECCIÓN DE LAS MÁS APROPIADAS EN FUNCIÓN DEL TIPO DE ACTIVIDAD

Los **principales usos de los dispositivos móviles** son:

Smartphone y tableta	Hacer compras (el *m-commerce* o realización de compras a través de aplicaciones móviles).
Smartphone y tableta	Nuevas formas de comunicación (a través de aplicaciones de mensajería instantánea que incluyen notas de voz, imágenes, emoticones y vídeos).
Smartphone, tableta, reloj inteligente y libro electrónico	Ocio y juegos
Smartphone, tableta, PDA	Trabajo multidispositivo (el uso de Internet en el entorno laboral facilita la presencia de las empresas en la red y la construcción de la reputación online).
Smartphone y tableta	Compra de billetes y entradas (para el cine o espectáculos).
Tableta y libro electrónico	Educación (uso en centros educativos y bibliotecas).
Smartphone y tableta	Búsqueda de información (a través de navegadores y de aplicaciones con geolocalización).

SABÍAS QUE

España es el país europeo con mayor tasa de uso de smartphones, con un 63%, igualmente el uso de aplicaciones está creciendo exponencialmente debido a la cada vez mayor presencia de la tecnología en la vida cotidiana.

5. FUNCIONAMIENTO BÁSICO

Android es el sistema operativo con mayor tasa de uso en los distintos dispositivos móviles disponibles en el mercado.

Android

Android es un sistema operativo basado en el núcleo Linux (libre, gratuito y multiplataforma), desarrollado inicialmente por la empresa Android Inc. y más tarde por Google, que la compró en 2005. El sistema permite programar y desarrollar aplicaciones en Java que acceden a las funciones del teléfono. Pone a disposición del usuario gran cantidad de aplicaciones.

La última versión de Android para los dispositivos móviles es **Android 7.0 Nougat.** Esta versión permite personalizar el sistema al máximo:

- Multi-idioma porque permite utilizar dos o más idiomas al mismo tiempo, además de incluir nuevos emojis
- Multifunción porque permite utilizar dos o más aplicaciones a la vez, una junto a la otra.
- Gráficos en 3D de alto rendimiento, gráficos más nítidos y efectos llamativos en los juegos.
- Realidad virtual.
- Ahorro de batería con la nueva función Descanso para el ahorro de batería.
- Ajustes más personalizados y notificaciones más inteligentes.
- Seguridad con nuevas funciones para proteger la información privada y cifrado a nivel de archivos.

5.1. Android Play

Android Play o **Google Play Store** permite a los usuarios descargar aplicaciones, juegos, música, libros, revistas y películas. Dispone de aplicaciones gratuitas y de pago.

Logo de Google Play

Google Play es una plataforma de distribución digital de aplicaciones móviles para dispositivos con el sistema operativo Android.

Los **contenidos** más utilizados **de Google Play** son:

Aplicaciones	Gratuitas y de pago, instalables desde el Store o la página web de Google Play.
Juegos	Con opción multijugador en tiempo real, logros, tabla de posiciones y de guardar información en la nube.
Música	Almacenamiento y sincronización de música en la nube, *streaming*.
Películas	Permite comprar o alquilar películas con posibilidad de descarga.
Libros	Aplicación para la lectura de libros electrónicos.
Kiosco	Posibilidad de suscripción a revistas y diarios.

5.2. Google Play Protect

Google Play Protect pretende proteger nuestros dispositivos móviles y mejorar nuestra experiencia de uso con la búsqueda de software malicioso en las aplicaciones instaladas. Está en constante actualización para ofrecer un mejor servicio.

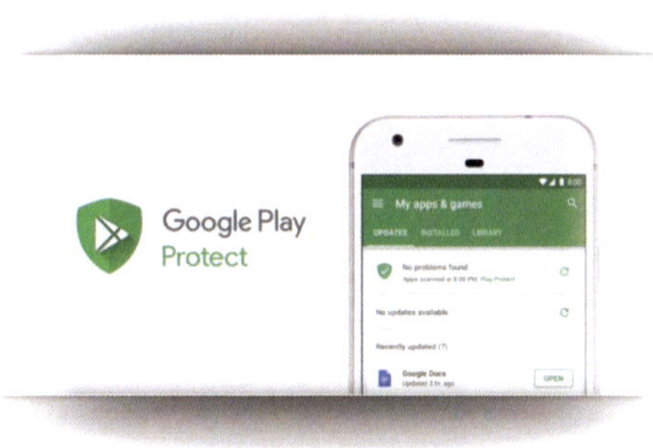

Google Play Protect

Google Protect es la suite de seguridad de Google para proteger el dispositivo de software malicioso y evitar la necesidad de instalar aplicaciones adicionales para rastrear este tipo de programas.

Las **utilidades de Google Play Protect** son:

Verify Apps	Software integrado en el sistema Android que comprueba las aplicaciones instaladas en el dispositivo, si encuentra alguna dañina muestra una alerta o la bloquea.
Fingerprint	Permite desbloquear el dispositivo, iniciar sesión y acceder a Google Play y Play Store con la huella dactilar.
SafetyNet	Comprueba las aplicaciones, la configuración y los datos de seguridad de más de 1 billón de dispositivos, si detecta una aplicación dañina la suspende automáticamente.

Un servicio muy útil que ofrece Google Play Protect es la función de encontrar el dispositivo en caso de pérdida o robo.

5.3. Android for Work

Android for Work es una solución para empresas desarrollada por Google que permite al trabajador usar de forma segura sus dispositivos separando los datos profesionales de los personales. Transforma su *smartphone* o tableta en la herramienta de trabajo perfecta, segura y dando el control de los datos a la empresa identificando con una insignia las aplicaciones de la empresa.

Android for Works

Los **componentes claves de Android for Work** son:

Perfiles de trabajo	Perfil que protege y aísla la información laboral con datos cifrados.
Aplicación Android for Work	Los dispositivos con versiones anteriores a Lollipop deben instalar la aplicación para crear el perfil laboral que ofrece de forma segura correo, calendario, contactos, documentos, navegación y acceso a aplicaciones de trabajo aprobados por la empresa.
Google Play for Work	Permite a la empresa gestionar las aplicaciones que pueden descargar los empleados desde su perfil de trabajo.
Herramientas de productividad incorporadas	Dispone de un conjunto de aplicaciones empresariales para correo electrónico, contactos y calendario, y edición de documentos.

6. APLICACIONES

Es habitual encontrar las aplicaciones en plataformas de distribución de los sistemas operativos móviles como Android, iOS o Windows Phone entre otros. Las hay de pago y gratuitas.

Una **aplicación** o **aplicación móvil** es una aplicación informática diseñada para ser ejecutada en dispositivos inteligentes y que permite al usuario realizar una tarea concreta de cualquier tipo: profesional, de ocio, educativa, etc. con el fin de facilitar las gestiones o actividades a desarrollar.

Las aplicaciones facilitan la vida al usuario ofreciendo una serie de ventajas:

- Acceso rápido y sencillo a la información necesaria sin necesidad de los datos de autenticación en cada proceso.
- Almacenamiento de datos personales.
- Gran versatilidad en cuanto a su uso o aplicación práctica.
- Atribución de funcionalidades específicas.
- Mejora la capacidad de conectividad y disponibilidad de servicios y productos.

Para las empresas también ofrece otras muchas ventajas:

- Nuevo canal de venta presente donde y cuando necesite el cliente.
- Herramienta de fidelización.
- Permite generar un producto o servicio diferente.
- Crea imagen de marca.
- Permite diferenciarse de la competencia, imponerse y crear tendencia.
- Permite crear un nuevo escaparate y captar nuevos clientes.
- Se puede medir su efectividad por el número de descargas, ventas, uso, etc.
- Es económico y rentable por su perdurabilidad y facilidad de gestión
- Permite crear aplicaciones internas para mejorar la organización y gestión de la empresa.
- Permite la comunicación con los clientes con un coste muy bajo.

Actualmente existen herramientas gratuitas que permiten crear aplicaciones de forma rápida y sencilla. **Android Studio** permite crear aplicaciones en todas las clases de dispositivos Android. Incluye herramientas de edición, depuración, pruebas y perfilamiento de códigos.

6.1. Android for Work

Los sectores que mejor provecho pueden sacar de las aplicaciones son aquellas relacionadas con el turismo y el comercio. Por ejemplo: una peluquería que permite a sus clientes solicitar cita a través de su aplicación.

La clave está en la importancia que se le da a la promoción de la aplicación y en la ventaja de su uso para el usuario:

Retail	Genera cambios en la manera de ofrecer los servicios y la forma de comprar de los usuarios (permite activar las ventas, mejorar la experiencia de compra y la mejor gestión interna de la empresa)
Turismo	Permite una mayor precisión de geolocalización y comunicación bidireccional (obtención de datos, análisis y explotación de los mismos, visibilidad y viralidad, ofertas personalizadas y experiencia del usuario.
Transportes	Permite la identificación de pasajeros y agilizar reservas y pagos (en parking y peajes, información de tráfico y rutas, flotas, alquiler de vehículos, transporte de personas, etc.).
Industria creativa	Nuevas formas de edición, producción y comercialización (influye en medios audiovisuales y de comunicación, edición y prensa, música y juegos).
Educación	Mejora la gestión académica y la oferta de contenidos (mediante la gestión y análisis de datos, ofreciendo contenido personalizado, creando comunidad y facilitando la gestión académica).
Salud	Desarrollo de telemedicina, teleasistencia y acceso remoto a datos (ofrece seguimiento de enfermedades crónicas, canales de salud personal y gestión de servicios de salud)

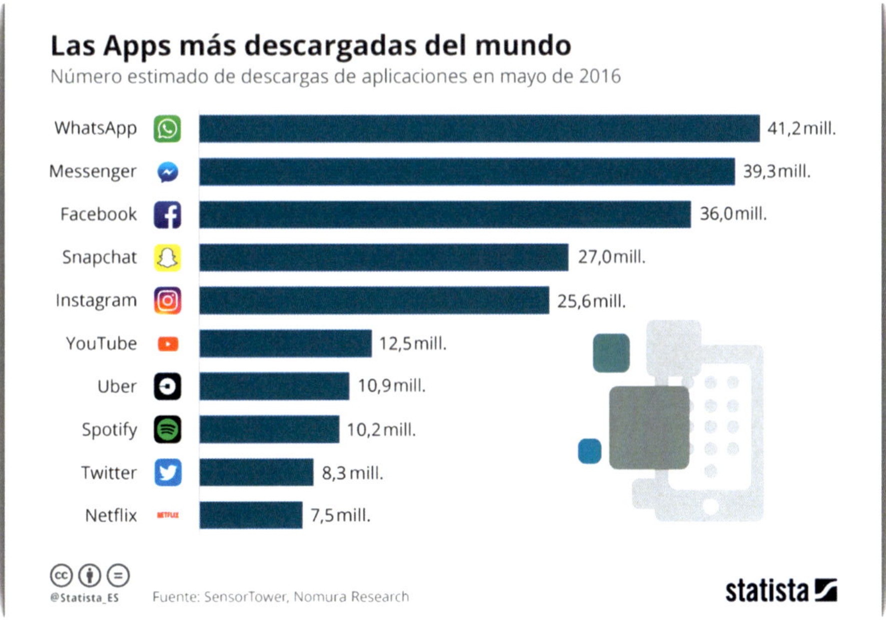

Apps más descargadas

7. SOLUCIONES DE IMPRESIÓN

Es posible imprimir desde un **smartphone o tableta en una impresora inalámbrica** o una **serie de impresoras en red.**

7.1. Impresión desde una impresora inalámbrica

Para la **impresión desde una impresora inalámbrica** debe cerciorarse de que el aparato dispone de la función de impresión por Bluetooth, WiFi o NFC. Las principales marcas que tienen esta herramienta son HP, Samsung, Epson, Brother y Canos, entre otras, por lo que disponen de una aplicación para smartphone o tableta. Para imprimir es necesario descargarla y seguir los siguientes pasos:

1. Encender la impresora y activar el modo inalámbrico.
2. Descargar la aplicación. Al abrirla, ofrecerá un listado de las impresoras cercanas disponibles, elegir la que corresponda.
3. Elegir el tipo de archivo, agregarlo a la cola de impresión y mandar a imprimir

Imprimir desde dispositivos móviles

7.2. Impresión desde una impresora conectada en red

Para la **impresión desde una impresora conectada en red,** deben seguirse los siguientes pasos:

1. Habilitar Google Cloud Print en el ordenador, usar Chrome con la misma cuenta que se tenga asociada en el dispositivo.
2. Configuración > Mostrar opciones avanzadas > Google Cloud Print > Administrar > Añadir impresora. El sistema busca las impresoras conectadas.
3. Acceder a este enlace para ver las impresoras agregadas ya en línea y listas para imprimir.
4. Descargar Google Cloud Print.
5. Abrir la aplicación y elegir el icono superior para mandar un documento a imprimir, el software preguntará la ubicación donde se desea abrir, seleccionar la impresora (el ordenador que sirve de puente entre la aplicación y la impresora debe estar encendido durante la impresión).

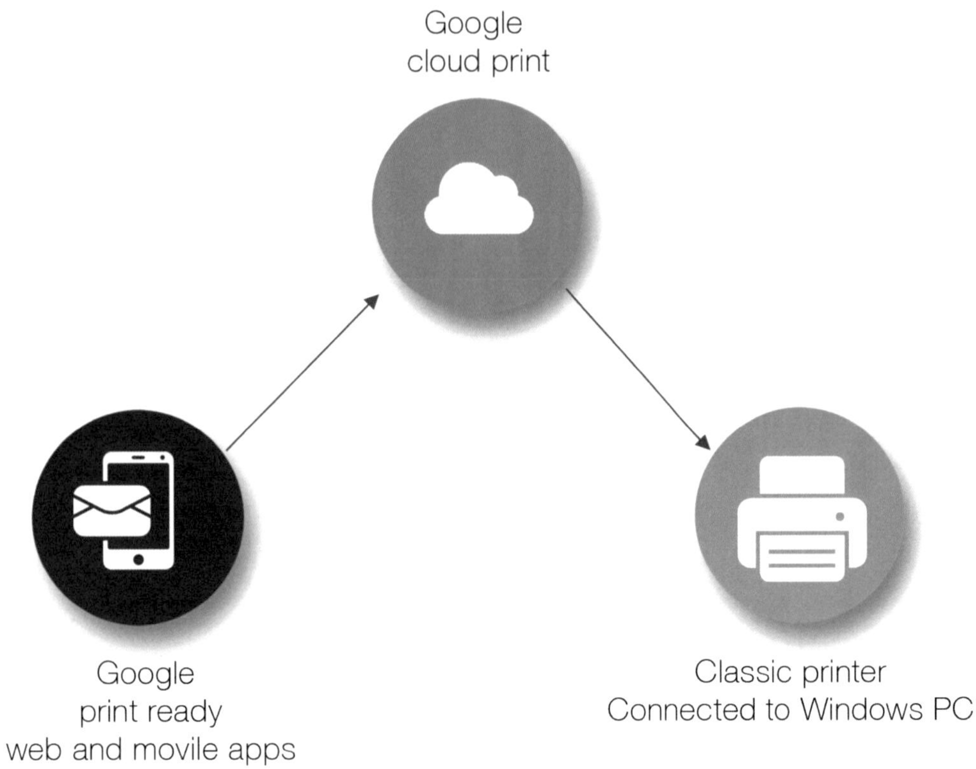

Imprimir desde Google Cloud Print

LO QUE HEMOS APRENDIDO

- Los dispositivos suponen una mejora competencial en el entorno laboral por lo que es importante que el usuario conozca sus ventajas e inconvenientes.
- El Mobile Intelligence y el Mobile Marketing son las estrategias que están cambiando el concepto de la empresa en Internet, además de las soluciones tecnológicas que el mercado pone a disposición del profesional.
- Los principales dispositivos en el mercado facilitan, mejoran y actualizan la gestión de la empresa de cara al usuario.
- Las aplicaciones móviles se han convertido en el nuevo medio de interacción de las empresas con sus clientes aportando ventajas para ambos.
- Otro de los servicios que ofrecen los dispositivos a través de Internet son las soluciones de impresión.

GLOSARIO

Android for Work: es una solución para empresas desarrollada por Google que permite al trabajador usar de forma segura sus dispositivos separando los datos profesionales de los personales.

Android Play: o Google Play Store permite a los usuarios descargar aplicaciones, juegos, música, libros, revistas y películas. Dispone de aplicaciones gratuitas y de pago.

Android: es un sistema operativo basado en el núcleo Linux (libre, gratuito y multiplataforma), desarrollado inicialmente por la empresa Android Inc. y más tarde por Google, que la compró en 2005. El sistema permite programar y desarrollar aplicaciones en Java que acceden a las funciones del teléfono. Pone a disposición del usuario gran cantidad de aplicaciones.

App: aplicación móvil, es una aplicación informática diseñada para ser ejecutada en dispositivos inteligentes y que permite al usuario realizar una tarea concreta de cualquier tipo (profesional, de ocio, educativa, etc.) con el fin de facilitar las gestiones o actividades a desarrollar.

Blockchain: transacciones de activos digitales.

Blog: o bitácora, es un sitio web que uno o más autores actualizan con frecuencia publicando *post* o entradas, que aparecen en orden cronológico inverso, sobre un tema de interés y a menudo comentados por los lectores.

Chatbots: para atender a los clientes desde distintos dispositivos.

Cloud storage: o almacenamiento en la nube, es un modelo de almacenamiento de datos basado en redes de computadoras que permiten almacenar datos en espacios virtualizados compartirlos, y consultarlos desde cualquier ordenador con conexión a Internet.

Control parental: es una herramienta muy útil para padres y educadores que permiten impedir a los menores el acceso a páginas web inapropiadas.

Correo electrónico: es el servicio más utilizado en Internet, permite enviar y recibir correos electrónicos (e-mail) a los que se pueden adjuntar uno o varios archivos.

Derecho al olvido: son los derechos de cancelación y oposición aplicados a los buscadores de Internet. Pretende impedir la difusión de información personal a través de Internet cuando su publicación no cumple los requisitos de adecuación y pertinencia previstos en la normativa.

Fintech: banca sin barreras físicas.

aplicación.

Google Protect: es la suite de seguridad de Google para proteger el dispositivo de software malicioso y evitar la necesidad de instalar aplicaciones adicionales para rastrear este tipo de programas.

Huella digital: está formada por el rastro que dejamos al utilizar Internet, es decir, por todo aquello que publicamos, compartimos u otros publican o comparten sobre nosotros.

Identidad digital: es el conjunto de la información sobre un individuo u organización expuesta en Internet y que conforma una descripción en el plano digital.

Inteligencia artificial: máquina inteligente que percibe su entorno y lleva a cabo acciones que maximizan sus posibilidades de éxito en algún objetivo o tarea.

Internet: o net («red de redes»), es una red informática internacional compuesta por redes de mayor o menor tamaño. Es una herramienta muy poderosa que permite compartir información, enviar correos, conversar, intercambiar archivos, etc.

Libro electrónico: o *e-book* es la versión electrónica o digital de un libro, destaca por su uso de la tinta electrónica que aporta a la lectura un «efecto papel» y su bajo consumo.

Mobile Intelligence: o *Mobile Business Intelligence*, es la capacidad que permite a los trabajadores móviles obtener la información de la empresa a través del análisis de la información con el uso de aplicaciones optimizadas para dispositivos móviles» (Verkooiji, K. y Spruit, M., *Mobile Business Intelligence: key considerations for implementation projetcs*, 2013).

Mobile Marketing: es un canal personal entre el anunciante (la empresa) y el público (usuario) a través del dispositivo móvil con el objeto de promocionar sus productos y servicios.

Outlook: es el programa gestor de correo electrónico de Microsoft. Permite administrar información personal y profesional mediante mensajes, citas, reuniones, contactos, tareas, etc., así como facilitar el seguimiento de las distintas actividades.

PDA: o *Personal Digital Assistant* es un dispositivo que permite realizar muchas de las funciones de una computadora de escritorio, pero con la ventaja de ser portátil.

Programas de gestión de correo electrónico: son programas que deben instalarse en el ordenador y sirven para gestionar una o más cuentas de correo de forma simultánea.

Realidad aumentada: visión a través de un dispositivo tecnológico de un entorno físico del mundo real cuyos elementos se combinan con elementos virtuales para la creación de una realidad mixta.

Red social horizontal: o generalistas, están dirigidas a todo tipo de usuarios, permiten la libre participación proporcionando una herramienta para la interacción a nivel general. Son, por ejemplo, Facebook, Twitter y Google+.

Red social vertical: o temáticas, están dirigidas a un público determinado, los usuarios acuden a ellos por un interés común por lo que sus contenidos son más segmentados. Se clasifican en tres grupos en función de su especialización (profesionales, de ocio y mixtas).

Red social: es una estructura integrada por personas, entidades u organizaciones conectadas entre sí por uno o varios tipos de relaciones (amistad, parentesco, económicas, intereses comunes, etc.).

Reloj inteligente: o *smartwatch*, es un reloj de pulsera dotado con funcionalidades que lo distinguen del convencional, como son acceso a Internet, realizar y recibir llamadas, enviar y recibir emails y SMS, recibir notificaciones y consultar redes sociales.

Reputación online: es la opinión o consideración social que otros usuarios tienen de la interacción online de una persona u organización.

Smartphone: o teléfono inteligente, es un tipo de teléfono móvil que permite almacenar datos y realizar otro tipo de actividades semejante a una minicomputadora y mayor conectividad que un teléfono móvil convencional.

Tableta: es una computadora portátil de mayor tamaño que un smartphone y una PDA, integrada en una pantalla táctil sin necesidad de teclado ni ratón.

Web 2.0: «Son todas aquellas utilidades y servicios de Internet que se sustentan en una base de datos, la cual puede ser modificada por los usuarios del servicio, ya sea en su contenido (añadiendo, cambiando o borrando información o asociando datos a la información existente), bien en la forma de presentarlos, o en contenido o forma simultáneamente» (Ribes, 2007).

Webmail: es un servicio de correo electrónico online.

BIBLIOGRAFÍA

- CARRASCO USANO, S. (2015). Análisis de la aplicación de la tecnología móvil en las empresas. Facultad de Administración y Dirección de Empresas. Universidad Politécnica de Valencia.
- GRIS, M. (2014). Iniciación a Internet. Ediciones ENI, Barcelona.
- LICEDA, E. (2011). La identidad digital. Revista Anales n.º 41, Facultad de Cs. Jurídicas y Sociales.
- MORILLO POZO, J.D. Introducción a los dispositivos móviles. Universitat Oberta de Catalunya.
- VÁZQUEZ REYNA, J.E. Cloud computing. Universidad Autónoma del Estado de Morelos. México.
- VV.AA. Acércate a las TIC's. Uso de dispositivos móviles (teléfonos móviles, smartphoness, ebooks, GPS y tablets). Dirección General de Política Económica y Empresarial. Gobierno de Navarra.
- VV.AA. (2012). Guía para usuarios: identidad digital y reputación online. Instituto Nacional de Tecnologías de la Comunicación. Ministerio de Industria, Energía y Turismo.
- VV.AA. (2008). Manual de Marketing Online. Tu empresa en la Red. Vol. 01. Ed. Google Spain, S.L.

REFERENCIAS LEGISLATIVAS

- Ley Orgánica 15/1999, de 13 de diciembre, de protección de datos de carácter personal (LOPD).
- Real Decreto 1720/2007, de 21 de diciembre, por el que se aprueba el Reglamento de desarrollo de la Ley Orgánica 15/1999, de 13 de diciembre, de protección de datos de carácter personal.
- Ley Orgánica 1/1982, de 5 de mayo, de protección civil del derecho al honor, a la intimidad personal y familiar y a la propia imagen.
- Ley 34/2002, de 11 de julio, de servicios de la sociedad de la información y comercio electrónico (LSSI).

WEBGRAFÍA

- http://www.agpd.es
- https://www.entrepreneur.com
- http://www.adrive.com
- https://www.xatakandroid.com
- https://developer.android.com
- https://www.unocero.com
- https://www.randstad.es
- https://www.yeeply.com
- https://www.dropbox.com
- https://www.facebook.com
- https://www.genbeta.com
- https://www.google.com
- https://hubic.com
- https://www.linkedin.com
- https://mega.nz
- http://www.microsiervos.com

- https://blog.doiser.com
- https://onedrive.live.com
- http://www.pandasecurity.com
- https://www.idento.es
- http://alfredohernandezdiaz.com
- https://www.internetsociety.org
- https://twitter.com
- http://cefire.edu.gva.es
- http://www.oreilly.com
- https://wwwhatsnew.com/

EJERCICIOS ADGG040PO
Internet, redes sociales y dispositivos digitales

TEST

ACTIVIDADES

TEST

Tema 1

Nociones básicas: el perfil digital

1. La identidad digital es:

a) ▢ La información acerca del usuario que se puede encontrar al buscar su perfil en las redes sociales

b) ▢ El conjunto de la información sobre un individuo u organización que podemos encontrar en cualquier medio (físico o digital) y que conforma una descripción del mismo

c) ▢ El conjunto de la información sobre un individuo u organización expuesta en Internet y que conforma una descripción en el plano digital

d) ▢ Ninguna de las respuestas anteriores es correcta

2. Según la Organización para la Cooperación y el Desarrollo Económicos, las propiedades de la identidad digital son:

a) ▢ Social, subjetiva y valiosa

b) ▢ Referencial y contextual

c) ▢ Compuesta, secuencial y dinámica

d) ▢ Todas las respuestas anteriores son correctas

3. **Las identidades parciales se utilizan dependiendo de:**

a) ☐ Los distintos roles y las actividades que se desarrollan online

b) ☐ Las redes sociales que se utilicen en cada momento

c) ☐ Las distintas aplicaciones que se utilicen en cada uno los dispositivos móviles

d) ☐ Los distintos perfiles en las redes sociales y las aplicaciones que se tengan instaladas en cada uno de sus dispositivos móviles

4. **La reputación online es:**

a) ☐ La opinión o consideración social que otros usuarios tienen de nosotros en nuestro entorno familiar y laboral

b) ☐ La opinión o consideración social que otros usuarios tienen de la interacción online de una persona u organización

c) ☐ La opinión o consideración social que otros usuarios tienen de la interacción online de una organización

d) ☐ La opinión o consideración social que otros usuarios tienen de la interacción online de una persona

5. **Indica cuál de las siguientes respuestas es correcta:**

a) ☐ La clave de la reputación online está en cómo construirla, mantenerla y defenderla

b) ☐ La reputación online es acumulativa, es decir, se forma a partir de una enorme cantidad de información personal

c) ☐ La repercusión y el alcance de la reputación online está definida por la máxima «Si no estás en Google, no existes»

d) ☐ Todas las respuestas anteriores son correctas

6. Una correcta gestión de la reputación online implica:

a) Confiar en la autogestión de los contenidos en foros, redes sociales, etc.

b) Actuar sobre el contenido que generamos en foros, redes sociales, etc.

c) Actuar sobre el contenido que generamos y el que generan terceros acerca de cualquier contenido publicado en foros, redes sociales, etc.

d) Actuar sobre el contenido que generamos, el que generan sobre nosotros otras personas y el generado en el ámbito relacional de las redes

7. Seleccione cuál de los siguientes es uno de los principales riesgos en la gestión de la identidad digital y la reputación online:

a) La adecuada configuración de la privacidad de los perfiles en las distintas redes sociales

b) El adecuado uso de los derechos de propiedad intelectual

c) La apropiación de la identidad digital de otra persona para actuar en su nombre con mala intención

d) El uso de cookies previo aviso al usuario

8. ¿Qué ley regula el derecho al olvido?

a) No existe regulación oficial

b) La ley Orgánica 1/1982, de 5 de mayo

c) El artículo 401 del Código Penal

d) La ley 34/2002, de 11 de julio

9. Existen una serie de recomendaciones para la gestión de nuestro perfil digital, indica cuáles son:

a) ▢ Recomendaciones preventivas

b) ▢ Recomendaciones reactivas

c) ▢ Recomendaciones preventivas y reactivas

d) ▢ Recomendaciones preventivas y relativas

10. La creación responsable de perfiles en Internet implica:

a) ▢ Aprender el funcionamiento y la correcta configuración de las opciones de privacidad y seguridad

b) ▢ Crear un perfil de usuario o identidad parcial en un servicio online conlleva valorar su utilidad, comprobar su finalidad y establecer perfiles separados personal y profesional

c) ▢ Realizar búsquedas periódicas sobre la información personal en la red

d) ▢ Ser respetuoso con el resto de los usuarios

Tema 2
Internet

1. **Las siglas TCP/IP corresponden a:**

   a) ☐ Transfer Control Protocol/Internet Protocol
   b) ☐ Transfer Conection Protocol/Internet Protocol
   c) ☐ Transmission Conection Protocol/Internet Protocol
   d) ☐ Transmission Control Protocol/Internet Protocol

2. **Indica cuál es la estructura correcta de una dirección de correo electrónico:**

   a) ☐ apellidos@servidor.dominio
   b) ☐ apellidos@servidor.com
   c) ☐ nombre@servidor.com
   d) ☐ nombre@servidor.dominio

3. **Outlook es:**

   a) ☐ Un servicio de correo electrónico online
   b) ☐ Un programa gestor de correo que permite administrar información personal y profesional almacenándola en la nube
   c) ☐ Un programa gestor de correo que permite administrar información personal y profesional y facilitar el seguimiento de las distintas actividades
   d) ☐ Un programa gestor de correo que permite administrar información personal y profesional que puede consultarse desde cualquier ordenador del mundo

4. Indica cuál de las siguientes afirmaciones acerca del protocolo de correo IMAP es cierta:

a) ☐ Permite recuperar mensajes del servidor, estos se descargan en el ordenador y se eliminan del servidor, lo que permite consultarlos sin conexión

b) ☐ Permite recuperar mensajes del servidor, solo se descargan los leídos y permanecen en el servidor hasta que se eliminan

c) ☐ Sin conexión no se pueden ver los mensajes leídos completos y de los no leídos, solo los encabezamientos

d) ☐ No permite sincronizar las carpetas de correo

5. Indica cuál de las siguientes afirmaciones es verdadera:

a) ☐ Gmail permite agrupar bajo el mismo asunto el mensaje inicial y las respuestas dadas a dicho mensaje

b) ☐ La vista de conversación facilita el seguimiento de una conversación y la administración de cada mensaje

c) ☐ La vista de conversación está activada de forma predeterminada en todas las carpetas de Gmail

d) ☐ Todas las respuestas anteriores son correctas

6. En la página de resultados de búsqueda de imágenes en Google, al pasar el ratón por encima de la miniatura, nos informa sobre:

a) ☐ Sus dimensiones en centímetros y la memoria que ocupa

b) ☐ Sus dimensiones en píxeles y la memoria que ocupa

c) ☐ Sus dimensiones en píxeles y la web de origen

d) ☐ Sus dimensiones en centímetros y la web de origen

7. Indica cuál es la combinación de teclas correcta para realizar una búsqueda de texto dentro de una página web:

a) ☐ Ctrl+b

b) ☐ Ctrl+f

c) ☐ Ctrl+n

d) ☐ Ctrl+m

8. Indica cuál de las siguientes afirmaciones acerca del almacenamiento en la red es falsa:

a) ☐ Permite al usuario el acceso a la información y a los servicios desde cualquier lugar y en cualquier momento a través de distintos dispositivos

b) ☐ Evita la saturación del disco duro de nuestro ordenador

c) ☐ Crea dependencia de los servicios en línea

d) ☐ Es un servicio siempre gratuito

9. Los proveedores de almacenamiento en la nube suelen ofrecer una versión de pago con:

a) ☐ Mayor espacio de almacenamiento durante un plazo de tiempo más largo

b) ☐ Mayor espacio de almacenamiento en el mismo plazo de tiempo que la versión gratuita

c) ☐ El mismo espacio de almacenamiento que la versión gratuita, pero durante un plazo de tiempo más largo

d) ☐ Mismo espacio de almacenamiento y el mismo plazo de tiempo, pero con una carga y descarga de archivos más rápida

10. Qué es el almacenamiento en la nube:

a) Modelo de almacenamiento de datos basado en redes de computadoras que permiten almacenar datos en espacios virtualizados, compartirlos y consultarlos desde cualquier ordenador con conexión a Internet

b) Modelo de almacenamiento de datos basado en redes computadoras conectadas por cable que permiten almacenar datos en espacios virtualizados, compartirlos y consultarlos desde cualquier ordenar con conexión a Internet

c) Modelo de almacenamiento de datos basado en redes computadoras conectadas por cable que permiten almacenar datos en espacios virtualizados, compartirlos y consultarlos desde cualquier ordenar que tenga o no conexión a Internet

d) Modelo de almacenamiento de datos basado en redes de computadoras que permiten almacenar datos en espacios virtualizados, compartirlos y consultarlos desde cualquier ordenador que tenga o no conexión a Internet

Tema 3

Introducción a la Web 2.0: Redes sociales

1. Indica cuál de las siguientes afirmaciones es verdadera:

a) ☐ Una red social es una estructura integrada por personas, entidades u organizaciones conectadas entre sí por uno o varios tipos de relaciones

b) ☐ Las redes sociales responden a una nueva forma de comunicación en el marco de la interacción social de comunidades de usuarios donde se intercambian todo tipo de contenidos

c) ☐ Las redes sociales se utilizan tanto a nivel personal como profesional para cultivar relaciones, fidelizar usuarios, llevar a cabo acciones de marketing, buscar oportunidades profesionales o fichar candidatos

d) ☐ Todas las respuestas anteriores son correctas

2. Las redes sociales se clasifican por:

a) ☐ Público objetivo y temática, sujeto principal de la relación, localización geográfica y plataforma

b) ☐ Público objetivo, temática, sujeto principal de la relación y localización geográfica

c) ☐ Público objetivo, temática, sujeto principal de la relación y plataforma

d) ☐ Público objetivo y temática, sujetos principales y secundarios de la relación, localización geográfica y plataforma

3. **Una de las buenas prácticas del bloguero es:**

a) ▢ Fomentar la autocomplacencia

b) ▢ Tener varias voces

c) ▢ Escribir de lo que se sabe

d) ▢ No planificar

4. **Blogger es:**

a) ▢ Un servicio de Google que permite crear y publicar un blog en línea programando la interfaz y sus atribuciones y que implica la instalación de software adicional

b) ▢ Un servicio de Google que permite crear y publicar un blog en línea sin necesidad de programar ni una sola línea de código, pero requiere la instalación de software adicional

c) ▢ Un servicio de Google que permite crear y publicar un blog en línea sin necesidad de programar ni instalar software adicional

d) ▢ Ninguna de las respuestas anteriores es correcta

5. **Una de las principales funcionalidades de Blogger consiste en:**

a) ▢ Edición de vídeo e imágenes con una aplicación de terceros

b) ▢ Visualizador de fotografía con una aplicación de terceros

c) ▢ Integración de aplicaciones de terceros y posibilidad de desarrollar una propia

d) ▢ Archivo anual, mensual, semanal o diario de los archivos del blog a través de aplicaciones de terceros

6. Para evitar situaciones de riesgo en Internet, se debe:

a) ☐ Evitar compartir datos personales en cualquier tipo de red social

b) ☐ Al recibir un email con archivos adjuntos si no se conoce al remitente, no abrirlos

c) ☐ Usar una cuenta de correo solo para subscribirse en sitios web

d) ☐ Todas las respuestas anteriores son correctas

7. El control parental es:

a) ☐ Una aplicación que puede instalar en sus dispositivos móviles para el control de acceso de los menores a Internet

b) ☐ Una herramienta muy útil para padres y educadores que impide a los menores el acceso a páginas web con contenidos inapropiados

c) ☐ Una aplicación que puede instalar en sus dispositivos móviles muy útil en el entorno educativo que impide el acceso de los menores a Internet

d) ☐ Una herramienta muy útil para padres y educadores que impide el acceso de los menores a Internet

8. ¿Qué es la huella digital?

a) ☐ Es el conjunto de páginas web que se visitan en Internet y todos los datos de acceso a las mismas

b) ☐ Es toda la información que se comparte en Internet: datos personales, fotografías, comentarios, noticias, etc.

c) ☐ Es el rastro que se deja en las páginas web visitas, los datos de acceso a las mismas y todo lo que se publica en la red (datos personales, fotografías, comentarios, noticias, etc.)

d) ☐ Es el rastro que se deja al utilizar Internet, incluyendo todo lo que uno publica, comparte u otros publican y/o comparten sobre nosotros

9. Selecciona la respuesta correcta:

a) ☐ Cuando visitamos sitios web y hacemos la lista de la compra para luego hacerla en la tienda física estamos dejando nuestra huella digital

b) ☐ Cuando compartimos información en las redes sociales, pero no permitimos que otros compartan cosas sobre nosotros estamos dejando nuestra huella digital

c) ☐ Cuando usamos las mismas aplicaciones en distintos dispositivos móviles estamos dejando nuestra huella digital

d) ☐ Ninguna de las respuestas anteriores es correcta

10. Internet ofrece a la empresa:

a) ☐ La posibilidad de aumentar determinados costes de proceso y gestión

b) ☐ Optimizar los procesos de toma de decisión

c) ☐ La apertura de nuevas vías comerciales con costes superiores a los existentes hasta el momento

d) ☐ Ninguna de las respuestas anteriores es correcta

Tema 4

Dispositivos

1. Indica cuál de las siguientes afirmaciones es verdadera:

a) ☐ Los dispositivos móviles son los principales impulsores del cambio en la manera de relacionarse con personas y organizaciones permitiendo nuevas oportunidades a las empresas

b) ☐ Los dispositivos móviles hacen que la información importante de la empresa esté disponible en cualquier momento

c) ☐ El incremento del uso de los dispositivos móviles para la compra por Internet ha obligado a las empresas a cambiar su estrategia para mejorar la experiencia de los usuarios y su satisfacción

d) ☐ Todas las respuestas anteriores son correctas

2. Una de las ventajas de implementar la tecnología en el entorno laboral es:

a) ☐ Disminuye la eficiencia y la productividad hasta que todos los empleados se ponen al día en cuanto a uso de la tecnología se refiere

b) ☐ Estanca los puestos de trabajo, no ofrece la posibilidad de crear nuevas profesiones asociadas a las nuevas tecnologías

c) ☐ Mantiene la barrera diferenciadora entre las grandes y pequeñas empresas

d) ☐ Ofrece información a tiempo real

3. **Uno de los inconvenientes de implementar la tecnología en el entorno laboral es:**

a) ☐ Genera empleos con mayor dependencia de la tecnología

b) ☐ No requiere de inversión económica previa pero sí de tiempo

c) ☐ No necesita personal cualificado

d) ☐ No es necesario subcontratar servicios a otras empresas

4. **¿Qué es Mobile Intelligence?**

a) ☐ Es una herramienta que permite medir el aumento de productividad de la empresa a través del uso de aplicaciones móviles

b) ☐ Es una herramienta software que se instala solo en el ordenador personal y permite medir el aumento de productividad de la empresa

c) ☐ Es una herramienta que permite obtener información de la empresa adaptable de forma fácil y cómoda en pantallas pequeñas a través de aplicaciones optimizadas

d) ☐ Ninguna de las respuestas anteriores es correcta

5. **Indica cuál de las siguientes afirmaciones acerca del Mobile Marketing es verdadera:**

a) ☐ Es un canal entre la empresa y el usuario a través de cualquier dispositivo móvil con el objetivo de promocionar productos y servicios

b) ☐ La clave del Mobile Marketing es la adaptación de las webs a los dispositivos móviles, una plataforma de pago seguro online y la solicitud al usuario de la conformidad para el uso de sus datos

c) ☐ Permite promover la interacción empresa-cliente, facilita la difusión de ofertas y eventos, incentiva las compras, favorece la imagen de marca y mejora la fidelización de los clientes

d) ☐ Todas las respuestas anteriores son correctas

6. Indica cuál de las siguientes afirmaciones es correcta:

a) ☐ Una de las características de la última versión de Android, 7.0 Nougat, es la multifunción que permite utilizar dos o más idiomas al mismo tiempo, además de incluir nuevos emojis

b) ☐ Una de las características de la última versión de Android, 7.0 Nougat, es la multifunción que permite utilizar dos o más aplicaciones a la vez, una junto a otra

c) ☐ Una de las características de la última versión de Android, 7.0 Nougat, es la multifunción que permite utilizar nuevas funciones para proteger la información privada con cifrado a nivel de archivos

d) ☐ Una de las características de la última versión de Android, 6.0 Nougat, es la multifunción que permite utilizar dos o más aplicaciones a la vez, una junto a otra

7. Android for Work es:

a) ☐ Una solución para empresas desarrollada por Google que permite al trabajador usar de forma segura sus dispositivos separando los datos profesionales de los personales

b) ☐ Una solución para empresas desarrollada por Google que permite proteger el dispositivo de software malicioso y evitar la necesidad de instalar aplicaciones adicionales para rastrear este tipo de programas

c) ☐ Una solución para empresas desarrollada por Google que permite la distribución digital de aplicaciones móviles para dispositivos con el sistema operativo Android

d) ☐ Ninguna de las respuestas anteriores es correcta

8. **Una ventaja del uso de aplicaciones para el usuario es:**

a) El acceso rápido y sencillo a la información

b) Es una herramienta de fidelización

c) Ayuda a crear imagen de marca

d) Su uso es económico y rentable

9. **Una aplicación móvil es:**

a) Una aplicación informática diseñada para ser ejecutada en cualquier tipo de dispositivo que permite al usuario realizar una tarea concreta con el fin de facilitar las gestiones o actividades a desarrollar

b) Una aplicación informática diseñada para ser ejecutada en dispositivos inteligentes que permite al usuario realizar por un precio módico una tarea concreta con el fin de facilitar las gestiones o actividades a desarrollar

c) Una aplicación informática diseñada para ser ejecutada en dispositivos inteligentes que permite al usuario realizar una tarea concreta con el fin de facilitar las gestiones o actividades a desarrollar

d) Ninguna de las respuestas anteriores es correcta

10. **Indica cuál de las siguientes afirmaciones es correcta acerca de las soluciones de impresión:**

a) Para imprimir desde una impresora inalámbrica no es necesario descargar ningún software adicional

b) Para imprimir desde una impresora inalámbrica hay que instalar cualquier aplicación que nos permita imprimir

c) Para imprimir desde una impresora conectada en red hay que instalar la aplicación del fabricante

d) Para imprimir desde una impresora conectada en red hay que habilitar Google Cloud Print en el ordenador y descargar su aplicación para poder imprimir desde el dispositivo móvil

ACTIVIDADES

Tema 1

Nociones básicas: el perfil digital

1. Relaciona el concepto con su definición respecto a los principales riesgos en la gestión de la identidad digital y la reputación online:

Suplantación de la identidad digital	Configuración insuficiente, alteración de la privacidad por mala sincronización entre plataformas, etiquetado de imágenes, etc.
Amenazas para la privacidad	Publicaciones que exceden la libertad de información, daño por publicaciones falsas, injurias, calumnias, uso inapropiado de derecho de propiedad intelectual.
Amenazas para la reputación online	Una persona se apropia de la identidad digital de otra y actúa en su nombre con mala intención para perjudicar su imagen y reputación online, y robar su información personal.

2. Señala las opciones correctas y justifica tu respuesta:

2.1 ¿Cuáles de las siguientes son propiedades de la identidad digital según la OCDE?

a) Social

b) Valiosa

c) Estática

d) Contextual

2.2¿Cuáles de las siguientes son recomendaciones reactivas en la gestión del perfil digital?

a) Denuncia interna (proveedores de servicios)

b) Denuncia judicial frente atentados a la reputación

c) Creación responsable de perfiles

d) Configuración adecuada de la privacidad y la seguridad

2.3¿Cuáles son derechos legislados dentro del marco legal del perfil digital?

a) Derecho fundamental a la protección de datos

b) Derecho al olvido

c) Derecho al honor, a la intimidad personal y familiar y a la propia imagen

d) La herencia digital

3. ¿Cuál es la diferencia entre identidad digital y reputación online?

Tema 2
Internet

1. **Define cada uno de los siguientes protocolos: HTTP, FTP, P2P y VoIP.**

2. **Indica cuáles son las ventajas de usar un programa de gestión de correo y cuáles del uso del Webmail.**

3. **Asocia los siguientes operadores en las búsquedas de Google con su correspondiente acción:**

Y o +	Busca sinónimos de la palabra precedida por la vírgula.
~	Busca una palabra u otra.
O u OR	Busca páginas que no contienen la palabra precedida por estos elementos.
Expresión entre comillas ("")	Hace una búsqueda de todas las palabras introducidas.
NOT o -	Busca la expresión exacta.

4. **Indica si las siguientes afirmaciones son verdaderas o falsas**

a) La mayoría de los buscadores distingue entre mayúsculas y minúsculas

b) El orden de las palabras como las tildes pueden influir en el resultado de una búsqueda

c) Bing es el motor de búsqueda más utilizado en el mundo

d) Los motores de búsqueda son herramientas cuyo fin es ayudar al usuario a encontrar la información que busca en sitios web

e) Se pueden encontrar buscadores integrados en las páginas de inicio de los proveedores de Internet

Tema 3

Introducción a la Web 2.0: Redes sociales

1. **Clasifica las siguientes redes sociales según sean horizontales o verticales (especifica el tipo):**

- Universia
- Adtriboo
- YouTube
- Spaniards
- Pinterest
- Innocentive
- Raptr
- Openart

2. **Asocia las siguientes características según corresponda a la Web 1.0, Web 2.0 o Web 3.0:**

- Poca gente generaba contenido.
- El usuario es el centro o protagonista que crea y comparte.
- La web podrá relacionar conceptos de múltiples fuentes.
- Establece un patrón de conducta de interacción.
- No es necesario grandes conocimientos técnicos para usarla.
- Difícil de manejar.
- Se necesitaba estar preparado para utilizarla.
- Web de lectura y escritura.
- Inteligencia artificial.

3. **Señala las opciones correctas y justifica tu respuesta**

   3.1¿Cuáles de las siguientes son ventajas de la presencia de las PYMES en las redes sociales?

a) Negocio global (escaparate abierto a cualquiera, en cualquier lugar y a cualquier hora)

b) Aumento de la productividad

c) Información para los usuarios actualizada al menos una vez a la semana

d) Recepción de pedidos en horario laboral

e) Nuevas oportunidades de negocio

f) Aumento de la inversión necesaria para llegar a los clientes potenciales

3.2 ¿Cuáles de las siguientes son recomendaciones de seguridad para la protección de la información en Internet?

a) Eliminar de forma regular el historial de navegación y las cookies

b) Actualizar de forma regular los programas que utilizan Internet

c) Elegir contraseñas sencillas

d) Almacenar los datos únicamente en la nube

e) Descargar software de cualquier página

f) Instalar y actualizar de forma regular programas de protección

Tema 4
Dispositivos

1. Indica cuáles de las siguientes son ventajas del Mobile Marketing para la empresa:

a) Aumento de los costes en las campañas publicitarias

b) Personalización

c) Medio principal de venta

d) Alcance limitado

e) Segmentación

f) Rapidez y adaptabilidad

2. Da una breve explicación de cada una de las siguientes tendencias tecnológicas

- Chatbots y asistentes virtuales
- Cobertura completa multicanal
- Inteligencia artificial
- Almacenamiento en la nube
- Realidad aumentada
- Fintech y blockchain
- Pago electrónico

3. Indica cuáles son los dispositivos móviles más apropiados para realizar las siguientes actividades:

- M-commerce
- Nuevas formas de comunicación (aplicaciones de mensajería instantánea)
- Ocio y juego
- Trabajo multidispositivo

- Compra de billetes y entradas
- Educación
- Búsqueda de información

4. Asocia las siguientes utilidades con su correspondiente servicio de Google:

- Música, almacenamiento y sincronización de música en la nube.
- Verify Apps, comprobación de aplicaciones instaladas.
- Perfiles de trabajo, perfil que protege y aísla la información laboral con datos cifrados.
- Películas, compra o alquiler con posibilidad de descarga.
- App AfW, aplicación para versiones anteriores a Lollipop para crear un perfil laboral.
- SafetyNet, comprobación de aplicaciones, configuración y datos de seguridad.
- Fingerprint, para desbloquear, iniciar sesión y acceder a servicios de Google con la huella dactilar.
- Libros, aplicación para la lectura de libros electrónicos.
- Herramientas de productividad, conjunto de aplicaciones empresariales.